认知语义视角下的英汉习语对比研究：兼论教学应用

贺阿丽　著

北京理工大学出版社
BEIJING INSTITUTE OF TECHNOLOGY PRESS

版权专有　侵权必究

图书在版编目（CIP）数据

认知语义视角下的英汉习语对比研究：兼论教学应用 / 贺阿丽著. —北京：北京理工大学出版社，2021.5

ISBN 978 – 7 – 5682 – 9777 – 6

Ⅰ.①认… Ⅱ.①贺… Ⅲ.①英语 – 社会习惯语 – 对比研究 – 汉语 Ⅳ.①H313.3②H136.4

中国版本图书馆 CIP 数据核字（2021）第 076973 号

出版发行 /	北京理工大学出版社有限责任公司
社　　址 /	北京市海淀区中关村南大街 5 号
邮　　编 /	100081
电　　话 /	（010）68914775（总编室）
	（010）82562903（教材售后服务热线）
	（010）68944723（其他图书服务热线）
网　　址 /	http://www.bitpress.com.cn
经　　销 /	全国各地新华书店
印　　刷 /	唐山富达印务有限公司
开　　本 /	710 毫米 × 1000 毫米　1/16
印　　张 /	14
字　　数 /	268 千字
版　　次 /	2021 年 5 月第 1 版　2021 年 5 月第 1 次印刷
定　　价 /	68.00 元

责任编辑 /	武丽娟
文案编辑 /	武丽娟
责任校对 /	刘亚男
责任印制 /	施胜娟

图书出现印装质量问题，请拨打售后服务热线，本社负责调换

前　言

　　习语（英语习语）是两个或两个以上词汇单位构成的规约化固定表达式，其整体意义不是其构成词字面意义之和；主要有表意功能和比喻特征。此外，习语结构非常固定，极少或完全不发生变体。从语言学角度来看，第一语言中的日常用语大都由习语和其他固定表达式构成，可以说习语掌握程度是衡量第二语言能力的重要标志。

　　习语学习对非母语人来说难度很大。二语习得研究发现，习语是二语习得中最难的课题之一，其原因主要是：（1）习语的数量庞大。《柯林斯习语词典》中提到，英语中日常使用习语数量超过 6 000 个。(2) 习语属于一种语言特有的规约化固定表达式，具有语义复杂性和句法固定性，其语义具有不可预测性。(3) 习语的课堂教学效果不好。尽管教师和学生都知道，习语是第二语言教学中的难点，其意义通常并非构成词字面义之相加，但大多数 ESL/EFL 教材忽视了习语的这一复杂性，还是沿用传统的词汇列举等方式介绍习语。这类方式无法引导二语学习者发现习语比喻义和语言形式之间的底层关系，导致学习者只能凭借机械记忆来学习习语。

　　本研究选择英汉人体部位习语作为封闭语料，采用认知语言学理论，一方面探讨认知语言学的隐喻和转喻可否作为二语习语的概念理据，另一方面运用习语的隐喻和转喻理据比较英汉习语在语言形式和概念系统上的异同，从而探讨一种更有效的习语教学和学习方法，以解决二语习语教学和学习中遇到的问题和困难。本书共由六章构成：

　　第一章，绪论，主要介绍研究缘起、研究内容、研究方法、研究的创新点及研究意义，语料来源，研究理论基础与本书结构。

　　第二章，文献综述，主要介绍国内外与习语和习语习得相关的研究成果和研究理论。首先对习语和习语性、习语和其他类习语表达式如固定搭配、谚语和套语等进行了区分，建立了习语分类模式；接着讨论了习语的传统定义、习语界定、分类研究的理论方法、对习语界定和分类的不同观点以及定义习语的参数并在此基础上根据研究目的确定了本书所采用的习语定义。然后对国内外习语的二语习得研究成果和理论进行综述：（1）从外语学习者的角度描述了习语学习的重要性及原因。（2）简要回顾了国内学者在习语和习语习得方面所取得的主要研究成果。（3）从习语的理解、加工策略、母语迁移、回避现象、教学和学习以及习语习得能力的影响因素方面介绍了国外在习语的二语习得研究领域所取得的主要成果和提出的主要研究理论及方法。

第三章基于认知和跨语言比较视角的概念理据分析教学法的可行性实证研究，由实验一、实验二和实验三组成。

介绍实验的研究方法和研究问题。实验一：搜集并筛选英语（第二语言）和汉语（第一语言）中含有人体部位词语（头/首 head、脸/面 face/faces、眼 eye/eyes、口/嘴 mouth、手 hand/hands、心 heart、脚 foot/feet、骨 bone/bones、身 body、背 back）的习语并界定其概念理据是隐喻、转喻还是隐转喻互动。实验二：有声思维实验。15个参加有声思维实验（Think-aloud）的被试都来自英语专业本科，参加实验期间在本科二年级学习，母语为汉语，都没有学习过认知语言学的相关课程，对概念隐喻、概念转喻与习语理据的关系没有任何显性知识。实验沿用Gibbs等的心理语言学实验方法，从分析测试对象对英语人体习语所产生的大脑意象可进一步了解英汉习语在语言形式和概念系统上的异同，解释第二语言学习者隐性知识中概念理据的心理实效性，如概念隐喻和概念转喻的心理实效性。实验三：测试基于认知及英汉习语比较模式的概念理据分析教学法应用于习语学习和教学的可行性。实验被试参加实验时是英语专业本科二年级学生，英语水平为中级。实验所选班级是从同级的平行班中随机选择。其中一个班为控制组，33名被试；另一个班为实验组，也是33名被试。实验结果表明，在教学活动中运用概念理据分析法学习习语的实验组，在英语习语测试中的成绩高于运用传统习语教学法学习习语的控制组。研究结果证实了在习语学习和教学中运用概念隐喻、转喻和英汉习语比较模式（概念理据分析教学法）的可行性和有效性。

在第四章结果和讨论中，实验一、实验二和实验三的结果分别回答了第三章的 6 个研究问题。使用 SPSS（版本 21.0）对控制组和实验组的测试成绩进行了定量数据分析，对数据统计结果进行了文字性描述和分析，最后得出了具体的研究结论，检验了研究假设，证实了概念理据分析教学法的有效性和可行性。

第五章，研究结论与教学应用，主要介绍了 3 个实验结果分别对英语习语教学的启示。实验一的教学启示是教学中要为学习者选择适合的习语，重视理据分析，运用跨语言比较方法，根据理据分析组织二语习语等。实验二的教学启示是引导学生通过启发探究和概念发现的方式猜测习语意义。实验三的教学启示是教师可通过课堂用语教授习语，也可根据教学时间和教学对象分别使用概念隐喻法、概念隐喻和概念转喻法、概念理据分析教学法教授习语。

第六章，结语，总结了本研究的不足之处和有待研究的空间，回顾了本书研究人体部位习语的认知语言学和应用语言学发现，指出研究没有涉及的其他与认知语言学相关的教学领域，从习语的教学和学习角度提出了一些值得今后进一步深入调查和研究的课题及方向。

附录部分是研究语料、实验测试试卷、调查问卷和 SPSS（版本 21.0）的输出数据。

目　录

第一章　绪　论 ………………………………………………… 1
第一节　研究缘起 …………………………………………… 1
第二节　研究内容 …………………………………………… 2
第三节　研究方法 …………………………………………… 4
第四节　研究的创新点 ……………………………………… 5
第五节　研究意义 …………………………………………… 6
　　一、学术价值 ……………………………………………… 6
　　二、应用价值 ……………………………………………… 7
第六节　语料来源 …………………………………………… 8
　　一、选择人体部位习语的缘由 …………………………… 8
　　二、人体部位的选择范围 ………………………………… 9
　　三、人体部位习语的语料来源 …………………………… 10
第七节　研究理论基础 ……………………………………… 11
　　一、理据 …………………………………………………… 13
　　二、语言反映认知过程 …………………………………… 17
　　三、语言是意义和形式的统一体 ………………………… 20
　　四、隐喻和转喻是底层思维模式 ………………………… 20
　　五、跨语言比较 …………………………………………… 23
第八节　结构解读 …………………………………………… 27

第二章　文献综述 ……………………………………………… 28
第一节　习语 ………………………………………………… 28

一、习语和习语性 …………………………………………… 29
　　二、习语和其他类习语表达式 ……………………………… 30
第二节　习语定义 ……………………………………………… 33
　　一、传统习语定义 …………………………………………… 33
　　二、习语界定和分类研究的理论方法 ……………………… 34
　　三、习语界定和分类的不同观点 …………………………… 35
　　四、定义习语的参数 ………………………………………… 38
　　五、本书采用的习语定义 …………………………………… 39
第三节　二语习语习得研究综述 ……………………………… 40
　　一、国内二语习语习得研究综述 …………………………… 41
　　二、国外二语习语习得研究综述 …………………………… 45

第三章　基于认知和跨语言比较模式的概念理据分析教学法可行性实证研究

第一节　理论框架 ……………………………………………… 54
第二节　习语的认知语言学研究方法概述 …………………… 55
第三节　以往实证研究的不足 ………………………………… 57
第四节　研究问题 ……………………………………………… 58
第五节　研究设计 ……………………………………………… 59
第六节　实验一 ………………………………………………… 60
　　一、统计所选习语的数量 …………………………………… 61
　　二、界定习语概念机制 ……………………………………… 61
　　三、英汉语人体部位习语跨语言比较 ……………………… 62
第七节　实验二 ………………………………………………… 62
　　一、被试 ……………………………………………………… 63
　　二、研究材料和研究设计 …………………………………… 63
　　三、实验过程 ………………………………………………… 65
第八节　实验三 ………………………………………………… 66
　　一、研究内容 ………………………………………………… 66
　　二、研究材料 ………………………………………………… 67

三、研究方法 …………………………………………………… 71

第四章 结果和讨论 …………………………………………… 75
第一节 实验一结果 …………………………………………… 75
一、研究问题（1）的结果 ……………………………………… 76
二、研究问题（2）的结果 ……………………………………… 78
三、研究问题（3）的结果 ……………………………………… 82
第二节 实验二结果 …………………………………………… 87
一、第一部分结果 ……………………………………………… 87
二、第二部分结果 ……………………………………………… 91
第三节 实验三结果 …………………………………………… 98
一、控制组和实验组前测成绩结果比较 ……………………… 98
二、控制组和实验组前测成绩和后测成绩结果 ……………… 99
三、实验三问题（1）的结果 ………………………………… 100
四、实验三问题（2）的结果 ………………………………… 101
五、实验三问题（3）的结果 ………………………………… 103
六、研究问题（6）的结果 …………………………………… 104
七、小结 ………………………………………………………… 107

第五章 研究结论与教学应用 ………………………………… 109
第一节 习语学习与应用认知语言学 ………………………… 109
第二节 基于认知和跨语言比较模式的概念理据分析教学法 … 110
第三节 实验一的教学启示 …………………………………… 111
一、选择适合的习语 …………………………………………… 111
二、重视理据分析 ……………………………………………… 113
三、运用跨语言比较分析 ……………………………………… 114
四、组织二语习语 ……………………………………………… 115
第四节 实验二的教学启示 …………………………………… 118
一、启发探究式学习 …………………………………………… 118
二、概念发现学习 ……………………………………………… 119
第五节 实验三的教学启示 …………………………………… 120

一、运用课堂用语教学习语 …………………………………… 120
　　二、习语课堂教学模式设计 …………………………………… 121
　第六节　概念理据分析教学法的应用范围 ……………………… 132

第六章　结　语 ……………………………………………………… 133
　第一节　不足和有待研究的空间 ………………………………… 133
　第二节　研究展望 ………………………………………………… 134

附　录 ………………………………………………………………… 136
　附录一：汉语人体部位习（成）语表 …………………………… 136
　附录二：英语人体部位习语表 …………………………………… 163
　附录三：前测试卷 ………………………………………………… 177
　附录四：教学活动材料（控制组） ……………………………… 180
　附录五：教学活动材料（实验组） ……………………………… 184
　附录六：英汉语人体部位习语跨语言比较分析 ………………… 191
　附录七：后测试卷 ………………………………………………… 193
　附录八：再测试卷（一周后） …………………………………… 197
　附录九：调查问卷 ………………………………………………… 201
　附录十：5种对应类型的英语人体部位习语测试 ……………… 202

参考文献 ……………………………………………………………… 205

第一章 绪 论

第一节 研究缘起

研究者从事外语教学将近二十年,深知中国英语学习者学习习语的困难以及习语教学中存在的问题,一直希望探讨研究一种更有效的习语教学和学习方法,从理论和实践上指导教师的习语教学和学生的习语学习。

本研究选择英汉人体部位习语作为封闭语料,采用认知语言学理论,一方面探讨认知语言学的概念隐喻和概念转喻可否作为二语习语的理据基础,另一方面运用习语的概念隐喻和转喻理据对英汉习语从语言形式和概念系统上进行比较,从而构建一种基于认知和跨语言比较模式的概念理据分析教学法来解决习语教学和学习中的困难和问题。

本书的选题一是基于研究者本人的兴趣,二是基于习语学习和习语教学研究的必要性和迫切性。

1. 习语学习的必要性

习语在语言中的普遍性决定了习语学习的必要性。习语作为语言中普遍存在的一种短语形式,近年来引起了二语研究者的极大关注。研究者们用数据证实了习语在语言使用中的普遍性,即日常语言大都由习语和类似习语的表达式构成。Pollio 等(1977)估计"大多数讲英语者一生中要讲 1 000 万个新奇隐喻和 2 000 万个习语"。[①] 这相当于每周讲大约 3 000 个隐喻和 7 000 个习语。

---

① Pollio, H. R. et al. *Psychology and the Poetics of Growth* [M]. Hillsdale: Erlbaum, 1977.

Altenberg(1998)估计讲本族语的成人用语中多达80%的是公式化的。[①] Cowie(1992)和Moon(1998)在研究中也有类似的发现。可以说,习语的掌握程度是衡量二语语言能力的重要标志。

2. 习语教学研究的迫切性

二语习得的相关研究发现,习语是二语习得中最困难的课题之一(Moon,1992;Scarcella,1979;Yorio,1980,1989)。Kövecses(2002)甚至强调"习语是第二语言教学中有名的难点"。[②]

导致习语教学和学习困难重重的原因主要是:

(1) 习语的数量庞大。《柯林斯习语词典》提到,英语中日常使用的习语数量超过6 000个。由于习语使用的普遍性,习语的掌握程度成为衡量第二语言能力的标志(Howarth,1998;Weinert,1995;Yorio,1989)。

(2) 习语属于一种语言特有的规约化固定表达式。换言之,习语具有语义复杂性和句法固定性,不同于语言词汇中的许多其他语言单位。习语学习的障碍之一是习语的意义往往不可预测,因为习语意义通常并非源于其构成词的字面表义。

(3) 习语的课堂教学效果不好。习语的整体意义通常并不是其构成词字面意义的总和,但大多数ESL/EFL[③]课本却忽视了习语语义的这种复杂性,还是沿用传统的词汇列举方法展示习语。这种习语展示方式无法引导二语学习者发现习语比喻义和习语表层语言形式之间的底层关系,导致学习者只能通过机械记忆来学习习语。

第二节 研究内容

全书运用认知语言学理论,结合跨语言比较模式,以英汉语人体部位习语为语料来研究构建一种在理论上可行、实践上有效的二语习语概念理据分析教

[①] Altenberg, B. *On the Phraseology of Spoken English*:*The Evidence of Recurrent Word-combinations*.[M]. Oxford:OUP, 1998:101-122.

[②] Kövecses, Z. *Metaphor*:*A Practical Introduction* [M]. Oxford:OUP, 1998:99.

[③] ESL/EFL 即"英语作为第二语言"或"英语作为外语",下同。

学模式。全书实证研究包含3个实验部分。实验设计主要围绕两个主题：第一，本研究采用的理论假设是："基于认知语言学的概念隐喻、概念转喻理据和跨语言比较模式的概念理据分析教学法"① 可促进二语习语的教学和学习；第二，本研究希望能对以往二语习语教学研究中的遗留问题进行补充研究。本研究回答以下6个研究问题：

（1）英汉语中哪些习语含有人体部位头、手、脸、眼、口、脚、心、背、身、骨（head, hand/hands, face/faces, eye/eyes, mouth, foot/feet, heart, back, body, bone/bones）？

（2）英汉语中包含上述人体部位的习语的概念机制是隐喻、转喻还是隐转喻互动？

（3）英汉语人体部位习语在语言形式和概念系统上有何共性和差异？

（4）英汉语人体部位习语在语言形式和概念系统上的共性和差异在汉语母语的英语学习者隐性知识中具有心理实效性吗？

（5）运用概念理据分析教学法比传统习语教学法对汉语母语者学习英语习语更有效吗？

（6）根据对英汉语人体部位习语进行跨语言比较的实证研究结果，英汉5种对应类型习语对汉语母语的英语学习者来说理解情况分别如何？

实证研究由以下3个实验部分组成：

实验一：搜集并筛选英语（第二语言）和汉语（第一语言）中含有人体部位词语（头/首（head）、脸/面（face/faces）、眼（eye/eyes）、口/嘴（mouth）、手（hand/hands）、心（heart）、脚（foot/feet）、骨（bone/bones）、身/躯/体（body）、背（back））的习语。分析界定其底层概念理据属于隐喻、转喻还是隐转喻互动；统计每一种概念机制的频数。实验一的结果可以回答研究问题（1）、（2）、（3）。

实验二：采用有声思维方法。15个参加有声思维实验（Think-aloud）的被试都来自××师范大学英语专业，在参加实验期间在本科二年级学习，母语为汉语，都没有学习过认知语言学的相关课程，对概念隐喻和概念转喻与习语理据的关系没有任何显性知识。

---

① 简称"概念理据分析法"，下同。

分析测试对象对于一些英语习语所产生的大脑意象，进一步了解英汉两种语言的习语在语言形式和概念系统上的异同，解释第二语言学习者隐性知识中概念理据的心理实效性，如概念隐喻和概念转喻的心理实效性。实验二的结果可以回答研究问题（4）。

实验三：实证研究最重要的一个实验部分。通过实验来测试二语习语学习和教学中运用概念隐喻、概念转喻及英汉比较的概念理据分析教学法的可行性和有效性。实验被试来自××师范大学，参加实验时是英语专业二年级本科学生，已经接受过至少 13 年的英语教育，英语水平为中级。实验所选择的 2 个班一共 66 名学生，所选班级是从同级的平行班中随机选择的。其中一个班为控制组，33 名被试；另一个班为实验组，也是 33 名被试，即控制组（$N=33$）和实验组（$N=33$）。

实验结果表明，在教学活动中接受概念理据分析法学习习语的实验组学生，在英语习语测试中的成绩高于没有使用上述方法的控制组学生。研究结果证实，在英语习语教学和学习中运用概念理据分析教学法具有可行性和有效性。实验三的结果回答研究问题（5）（6）。

第三节　研究方法

传统的习语研究大多是从结构主义和转换生成语法等角度对习语进行静态描写，缺乏心理语言学对习语理解模式和加工机制的解释以及认知语言学的理据分析研究。近年来，随着心理语言学和认知语言学的兴起，很多学者开始尝试用认知语言学结合应用语言学、普通语言学、社会语言学、心理语言学等对习语进行跨学科、多角度的解释性研究。二语习语的习得研究方面也不例外。本研究采用了文献法、有声思维法、比较法、问卷调查法及实证法等定量和定性研究方法。

（1）文献法。梳理中外二语习语习得研究相关文献，找出以往研究的遗留问题和不足之处，提出自己的研究问题和研究假设。

（2）有声思维法。实验二中我们采用有声思维法来了解测试对象对于一些英语习语所产生的大脑意象。有声思维法早在 20 世纪早期就被用来探索大脑思维过程，首先运用于心理语言学研究，后来也被广泛应用于语言研究，尤其是第二语言习得、语言学习、学习者推导词语方法研究等。研究者在实验二中要求被试在回答问题时，将大脑中即时产生的思维意识口头表述，研究者将其记录并整理，然后仔细分析研究，发现普遍规律和特征，研究被试心理表象的一致性程度。

（3）比较法。比较英汉语人体部位习语在语言形式和概念系统方面的相似和差异，总结出英汉语人体部位习语之间存在 5 种对应类型。通过测试结果分析，证实 5 种对应类型的英语习语对二语学习者来说难易度不同。教师可以根据难易程度为不同水平的二语学习者选择适合学习的习语类型。

（4）问卷调查法。通过调查问卷了解学生对不同习语教学方法的看法和建议。

（5）实证法。实证研究使用封闭语料作为语言数据并对其进行了定量统计分析，通过 3 个实验回答了研究问题，检验了研究假设。

第四节　研究的创新点

本研究主要有以下 4 个创新点：

（1）本研究将认知语言学的概念隐喻、概念转喻与英汉习语跨语言比较法相结合，以其为理论框架来调查、统计、比较英汉语人体部位习语及其概念理据，构建了一种更有效的概念理据分析法，使二语学习者通过概念理据分析了解到习语的语义并非任意的，而是可分析的。习语的字面义和比喻义之间通过学习者隐性知识中的概念理据发生关系，理据分析过程可促进学习者理解和记忆习语。

（2）本研究使用来自英汉权威词典的 10 个人体部位的英汉习语为封闭语料，建立了一个小型语料库，对英汉语人体部位习语的分类数和总数进行对比，统计了英汉语人体部位习语所属概念理据（隐喻、转喻和隐转喻）的频数，发现英汉语人体部位习语大多都是比喻性习语，其概念理据大都是隐转喻（即隐喻和转喻互动）。在英语中构成习语数量最多，即能产性最高的人体部位在汉语中未必是最能产的，如英语中的 *hand* 能产性最高，构成习语数量最多,但在汉语中,"手"仅排在第五位。汉语中构成成语最多的人体部位是"心",而英语中含有 heart 的习语数量仅排在第七位。

(3) 跨语言比较和二语习语教学的密切关系说明,建立跨语言比较系统是习语教学的首要任务。很多研究教学应用语言学的认知语言学家们已尝试利用认知语义学建立这种比较系统,解释各语言中的习语在表层语言形式或底层概念理据上存在的共性和差异,这是对习语的一种类型学比较。Deignan 等的比较模式(1997)总结了英语习语和波兰语习语的 4 种对应情况,Charteris-Black 的比较模式(2002)总结了英语习语和马来语习语之间的 6 种对应情况。本研究参照上述学者的比较模式建立了英汉语人体部位习语比较模式,发现英语习语和汉语成语在语言形式和概念系统上存在 5 种对应情况。

(4) 对以往二语习语教学和学习研究中所遗留的问题进行了补充研究:①实验二从第二语言学习角度沿用了 Gibbs 等(Gibbs 和 O'brien, 1990; Gibbs 等, 1997)的实验方法,但实验被试不是第一语言学习者,而是第二语言学习者,通过实验二检测了概念隐喻和概念转喻同样在第二语言学习者隐性知识中具有心理真实性。②把英语和汉语这两种不同语系、不同文化背景的语言进行比较,使认知语言学和跨语言比较结合的习语教学法更具有普遍适用性。③对封闭语料的选择依据进行了说明。认为在以二语习语教学和学习为目的的研究中,习语语料应该满足两个条件:出现频率高,即二语学习者常见的习语;掌握这些常见习语能提高学习者的二语语言能力,尤其是对比喻习语的理解能力。

第五节 研究意义

一、学术价值

1. 提供可用于英语习语教学的概念理据分析教学法

和传统词汇列举法相比,应用概念理据分析教学法更有助于英语学习者理解和长时间记忆习语。传统习语教学法认为,语言的意义与人的概念系统以及交谈者所共有的百科知识无关,习语只是被当作一种固定结构或长词进行记忆、模仿、使用，忽视了习语作为语言是概念化的产物，具有底层认知机制，其语义具有可分析性。对英汉习语的跨语言比较可使英语学习者意识到习语的文化特异性和两种语言之间语言形式和概念系统上的相似和差异，培养其跨文化意识。本研究通过3个实验也证实了习语理据分析教学法的可行性和有效性。

2. 促进英语习语教学和学习研究

以往从认知角度所作的英语习语教学和学习研究大都只涉及认知语言学的隐喻和转喻，很少同时整合英汉跨语言比较来探讨不同语言间概念系统和语言形式上的差异和相似。本研究中通过整合认知语言学和英汉跨语言比较，从新的视角构建了一种新的习语理据分析教学法，为英语习语教学和学习研究开辟了一条新的道路。

3. 丰富认知语言学和应用语言学的理论实践和探索研究

本研究应用了认知语言学理论框架，把认知语言学和应用语言学合理结合，实现了认知语言学和应用语言学的互补和兼容。

二、应用价值

1. 改善英语习语教学方法，激发英语学习者对习语学习的兴趣

传统习语教学法不注重习语语义的可分析性，片面强调机械记忆，无法引起英语学习者的学习兴趣。本研究提出的习语教学法注重习语理据分析，认为习语语义是可推导的。习语是概念化的产物，具有底层的概念机制，对习语的理据分析会激发学习者对习语的兴趣和求知欲。英汉习语的跨语言比较解释了英汉习语表层语言形式和底层概念系统之间的相似和差异，激发了学生运用母语知识学习英语习语的兴趣和热情。

2. 为英语教师的习语教学和英语教材设计提供有效的方法、材料和依据

英语教师在习语教学中可应用认知和跨语言比较模式下的概念理据分析教学法，根据教学对象的英语语言能力和教学过程的不同阶段为英语学习者选择适合他们学习的英语习语。英语教材中也可依据上述方法来设计习语的教学环节和巩固练习部分。

第六节 语料来源

　　研究所用语料是研究者根据研究目的筛选出的英汉语人体部位习语（见附录一的汉语人体部位习（成）语表和附录二的英语人体部位习语表）。以下具体研究选择人体部位习语的缘由、人体部位的选择范围、人体部位习语的语料来源。

一、选择人体部位习语的缘由

　　本实证研究假设：在习语教学中应用认知语言学方法是有效的；运用认知语言学的概念隐喻、概念转喻与跨语言比较模式的概念理据分析教学法是更有效的习语学习方法。从教学角度来说，假设习语数量很大，那么教师该给学生教授哪些习语呢？根据 Kövecses（2001），教师应该首先教授出现频率高的二语习语，这样可提高习语教学的有效性和实用性。出现频率高的习语必须符合两个条件：①始源域的能产性比其他习语高。②使用频率比其他习语高。从认知语言学的角度来看，基于最直接体验的始源域最能产，而且在实际语篇中使用频率最高。根据 Lakoff（1987），Johnson（1987），Lakoff 和 Johnson（1999），这种基于最直接体验的始源域就是人体。由于人体习语的始源域是人体部位，所以这些语言学家假设人体部位习语的出现频率较高。人与周围世界的积极互动使人体始源域不断与不同的概念发生关系，因此人体部位习语的认知理据就源于人体这种基于最直接感觉体验的始源域。从认知角度来看，人体部位习语出现频率高这一假设是合理的。

　　综上所述，只有所选择的习语（即人体部位习语）在日常语言中出现频率高且习语的始源域具有能产性，本实证研究的假设才可能成立，才有研究的价值和意义。只有所选择习语出现的频率较高，实验结果才能证实基于认知和跨语言比较模式的概念理据分析教学法具有实践应用价值。人体部位习语的始源域具有很高的能产性，在日常语言中使用频率高于其他习语，符合本研究选择习语的标准。

二、人体部位的选择范围

前文提到,人体部位习语是出现频率高的习语,那么,哪些人体部位在习语中出现的频率较高呢?我们应该选择哪些人体部位词构成的习语呢?根据习语选择标准,首先,这些人体部位都应该是众所周知的;其次,这些人体部位的概念始源域在英汉语中的能产性都很高,这些人体部位在英汉习语中出现频率高,与这些人体部位相关的人体词语所构成的英汉习语数量较大有关。

Renton(1990)对英语关键词在英语隐喻表达式中的出现频率进行了排序,如表1-6-1所示。

表1-6-1 英语隐喻表达式中出现最频繁的关键词排名

排名	关键词
1	*head*
2	*hand*
3	*eye*
4	*back*
5	*heart*
6	*foot*
7	*keep*
8	*turn*
9	*play*
10	*water*
11	*face*
…	…
22	*mouth*

根据人体部位是否"使用频率高"的标准,我们选择了10个人体部位,这10个人体部位的人体词语所构成的英汉习语将作为本研究的语料。

表1-6-2列举了本研究所选择的10个英汉语人体部位词。

表 1–6–2　10 个英汉语人体部位词

英语中的人体部位	汉语中的人体部位
head	头/首
hand/hands	手
eye/eyes	眼/目
back	背
heart	心
foot/feet	脚/足
face/faces	脸/面/颜
mouth	嘴/口
body	身/体/躯/躬
bone/bones	骨

三、人体部位习语的语料来源

（一）英语人体部位习语语料来源

《柯林斯习语词典》是英语人体部位习语语料的主要来源。其以语料库为来源，所收录习语、习语的定义和例句都来源于语料库，词典中收录的习语及相关内容来源不同，文体风格也不同，很多都是当代日常会话中经常用到的习语。我们从中选取了表 1–6–2 中 10 个人体部位构成的英语习语共 393 个，按 10 个人体部位分为 10 个类别，[①] 每个英语习语后都有相应的汉语释义（见附录二）。

英语习语的定义多种多样，1 个多词表达式能否作为习语录入习语词典取决于词典如何定义习语。所以，《柯林斯习语词典》中没有收录，但是以下 3 本权威习语词典收录的 10 个人体部位构成的英语习语也是我们选择语料的来源，以此作为对《柯林斯习语词典》的补充。这 3 本权威英语习语词典是：《牛津习语词典》（Oxford Idioms Dictionary，2005）、《剑桥习语国际词典》

---

① 英语人体部位习语中所包含的人体部位词有时以复数形式出现，如"hand/hands""foot/feet""eye/eyes"和"bone/bones"。所以，英语中指称 10 个人体部位的人体部位词事实上共有 14 个。我们在分类时按人体部位的不同分类，把指称同一个人体部位的单数和复数人体词算作一类，如包含"hand/hands"的英语习语都归入手部位范畴。

(Cambridge International Dictionary of Idioms,1998)和《朗曼习语词典》(Longman Dictionary of Idioms,1998)。

(二)汉语人体部位习语①的语料来源

《中国成语大辞典》和《新华成语词典》是汉语人体部位习语语料的主要来源。由于对汉语成语的定义分歧颇多,所以,每本汉语成语词典所收录的成语也有所不同。汉语成语数量庞大,其中很多成语现在已经很少用于日常生活和工作,非常生僻,与某些提到的习语选择标准不符。基于上述原因,我们只选择上述两本权威成语词典中同时收录的 10 个人体部位构成的汉语成语作为研究语料。只被《中国成语大辞典》或《新华成语词典》收录的人体部位成语不予考虑,目的是确保所选成语更具代表性和实用性,使研究结果更具实践应用价值。本研究共选取 10 个人体部位构成的汉语成语 773 个,按人体部位不同分为 10 个类别,② 每个汉语成语后都有较为详细的解释(附录一)。

第七节　研究理论基础

根据 Kövecses 和 Szabó(1996)及 Kövecses(2002),传统习语研究中一直把习语当作词项,习语研究也只是语言问题的研究。根据传统观点,习语独立于任何概念体系之外。换言之,习语也像其他词一样,有一定的句法特性、有与形式意义相关的特殊习语义。传统观点中的习语概念如表 1-7-1 所示。③

---

① 本文中所提到的汉语习语仅限于四字格为主的汉语成语,为方便与英语习语的比较,文中也把汉语成语称为汉语习语。本文采用倪宝元和姚鹏慈对汉语成语所下的定义。第一,成语都是人们一直以来相沿用的。如"唇亡齿寒"源自《左传·僖公五年》,已经有很长的历史。第二,成语的含义都是完整的、具体的和明确的,如"专心致志"比喻集中精力做一件事情。第三,这些成语的组成成分不能任意更换,内部的语序也不能随意颠倒,结构是稳定的。第四,语言形式大都是四字格,简洁明快。第五,在应用中,成语常常是以一个整体出现的,作用大体与一个词相当。

② 由于汉语成语大都历史久远,所以很多成语中还保留着古代汉语的用法,如对"身"这一人体部位的指称在汉语成语中还有"体/躯/躬",对"脸"的指称还有"面和颜",所以,汉语成语中与 10 个人体部位相关的人体部位词事实上共有 19 个:身/体/躯/躬、头/首、脸/面/颜、眼/目、嘴/口、手、脚/足、背、心、骨。为便于描述,我们把对同一人体部位的指称算作一个类别,如包含人体部位词"嘴/口"的汉语成语都归为一类。

③ Kövecses, Z. Metaphor: A Practical Introduction [M]. Oxford: OUP, 2002:200.

表 1-7-1　传统观点中的习语概念

特殊习语义	die
语言形式意义	kick, the, bucket
语言形式和句法特性	kick the bucket（无被动用法）

(引自 Kövecse, 2002)

Kövecses 和 Szabó（1996）及 Kövecses（2002）提出，习语传统观中潜在的一个主要问题是：习语语言意义脱离了语言使用者所共有的人类概念系统和百科知识。比如，很多词典把习语看作词汇的原因是习语也有同形异义词、同义词、反义词和多义词，但这些词典中的习语与百科知识和结构化概念系统还是相脱离的。从二语习得的角度来说，习语和人类概念系统的脱离是理解习语本质以及提高习语课堂教学效果的主要障碍之一。

Boers 和 Lindstromberg（2006）指出，认知语言学完全可以与教学应用语言学融合互补。他们甚至认为，"完善当前语言教学法最大的潜力来源于认知语言学的语言理据分析特征。"[1] Kövecses（2001）也强调"意义理据分析"，他说："认知语言学有潜在作用的假设是基于一个普遍观点，即应用认知理据分析的学习效果优于不应用理据"。[2]

综上所述，我们可以利用以认知语言学为主体的跨学科方法从新的角度研究和解释习语。根据相关文献，习语认知研究模式归纳为 3 个范畴：①认知语言学和纯语言学结合。②认知语言学和普通应用语言学结合。③认知语言学和二语教学应用语言学结合。这 3 个研究范畴都预先假设：Langacker 的认知语法概念与 Lakoff 的认知语义学及经验主义认识论框架可以相融合。这些理论框架的结合派生出由知识、语义和结构组成的综合认知框架，从而可以清楚描述习语研究新模式。基于研究目的，我们主要讨论认知语言学和二语教学应用语言学结合的习语认知研究模式。具体研究范围是通过概念理据分析教学法完善目前的二语习语教学，促进二语习语的理解、记忆并培养文化意

---

[1] Boers, F. & Lindstromberg, S. *Cognitive Linguistic Applications in Second and Foreign Language Instruction: Rationale, Proposals, and Evaluation* [M]. Berlin/New York: Mouton de Gruyter, 2006.

[2] Kövecses, Z. *A Cognitive Linguistic View of Learning Idioms in an FLT Context* [M]. Berlin/New York: Mouton de Gruyter, 2001: 87-115.

识。相关理论如下：

一、理据

什么是"理据（motivation）"？根据 Lakoff（1987），语言如果既非任意且其意义又不能充分预测的话，就说明是有"理据"的。本文采用 Langlotz（2006）对理据的定义：① 理据是指讲话者通过再次激活习语表达式的比喻义来理解习语的能力，即根据习语字面义分析习语比喻义的能力。

有些习语是没有理据的，如 *kick the bucket*，意为"*die*（死）"。这类习语属于"纯习语（pure idioms）"，其意义完全不透明，所以也没有理据。然而，大多数习语属于比喻性习语范畴，其语义具有可分析性，语义可分析性的本质就称为"理据"。习语中大量可分析的比喻习语都可通过理据分析方式教授给二语学习者。

（一）Lakoff 的习语理据认知观

Lakoff（1987）以习语 *spill the beans*（泄密）为例说明认知语言学范式是习语理据分析的基础。他运用 3 个认知语言学概念，即概念隐喻、常规意象和相关知识来解释 *spill the beans* 的语义理据。他认为，我们通过常规意象（如豆子通常储存在容器中）以及与习语字面义情景（即溢出的豆子通常散乱且难以收回）相关的概念知识来分析 *spill the beans* 的意义。这样，*spill the beans*（*spill* + *the* + *bean*）的字面义就映射到了比喻义（泄露秘密 *reveal a secret*）。概念映射过程是习语理据分析中最重要的步骤。根据 Lakoff 的认知语义理论框架，促成映射框架的是"概念隐喻"。

Lakoff（1987）认为，*spill the beans* 的比喻义理据基于容器隐喻。容器隐喻把豆子溢出的概念情景（始源域）映射到思想活动和交际域（目的域）。这样，"豆子对应信息，容器对应头。"*spill the beans* 的整体语义可分析为：*spill* 喻指"泄露（*reveal*）"，*beans* 喻指"秘密（*secret*）"。

---

① Langlotz, A. *Idiomatic Creativity: A Cognitive Linguistic Model of Idiom-representations and Idiom-variation in English* [M]. Amsterdam/Phildelphia: John Benjamins, 2006: 45.

(二) Gibbs 关于习语理据的心理语言学实验

Gibbs 所做的大量心理语言学实验证实了 Lakoff 的习语理据认知模式。Gibbs 的实验目的是：第一，假设习语的认知机制是概念隐喻，它隐性存在于被试的概念系统中，那么被试对某一特定习语产生的心理表象就是一致的。第二，探究概念隐喻对习语理解的重要性。实验由 Nayak 和 Gibbs（1990）操作，实验发现，习语在特定语篇情景中的正确使用和理解会受到习语理据的影响。这一发现证实了概念隐喻在习语理解过程中的必要性以及习语底层的概念隐喻在人们心理表象中的高度一致性。因此，Gibbs 根据语篇中习语的使用情况，认为从认知角度解释习语比从传统角度解释习语效果更好。

(三) Kövecses 的习语概念理据

根据 Lakoff 的概念隐喻在习语理据推导中作用重大的理论，以及 Gibbs 为研究概念隐喻在习语语义推导和习语理解过程中的重要性所做的实验，比喻性习语的语义理据是一种把知识域和比喻义联系起来的"认知机制"（Kövecses 和 Szabo，1996；Kövecses，2002）。[①] Kövecses 认为：与比喻性习语直接相关的认知机制就是概念隐喻、概念转喻和规约知识（Lakoff 也支持这一观点）。表 1-7-2 列举了比喻习语的概念理据（Kövecses，2002），现译录如下。[②]

表 1-7-2 比喻习语的概念理据

习语意义：习语的整体特殊意义
认知机制：隐喻，转喻，规约知识
概念域：一个或一个以上的知识域
语言形式和意义：习语构成词，句法特性及意义

[①] Kövecses, Z. & Szabo, P. Idioms: A View from Cognitive Linguistics [J]. *Applied Linguistics*, 1996 (17): 330. Kövecses, Z. *Metaphor: A Practical Introduction* [M]. Oxford: OUR, 2002: 201.

[②] Kövecses, Z. *Metaphor: A Practical Introduction* [M]. Oxford: OUR, 2002: 202.

（四）习语理据的认知机制

1. 基于概念隐喻的习语理据

概念隐喻是一种概念机制，是从具体始源域到抽象目的域的跨域映射。那么，如何运用概念隐喻分析比喻习语的语义理据呢？我们以改编过的例子（习语部分加粗）（Kövecses，2002）来回答这个问题：

After the row, he was **spitting fire**.

例中的习语是 spit fire，通过"火"概念域映射到"愤怒"概念域，两个概念之间通过概念隐喻 ANGER IS FIRE（愤怒是火）发生联系，"愤怒（ANGER）"这一抽象目的域源于"火（FIRE）"这一具体始源域。Kövecses（2002）认为："许多习语的概念理据都源于其概念隐喻"。[1]

2. 基于概念转喻的习语理据

概念转喻是一种认知机制，基于这一认知机制的语义延伸有助于理解同概念域中那些不太突显的概念。根据 Kövecses（2002），THE HANDS STAND FOR THE ACTIVITY（"手"指代"活动"）这一特定转喻是很多比喻习语的理据基础。他使用以下习语为例来解释概念转喻（括号中是习语的比喻义）：[2]

例（1）sit on one's **hands**（deliberately do nothing）

例（2）join **hands** with somebody（cooperate with a person）

（引自 Kövecses，2002）

例（1）中的 hands 有"doing an activity（做事）"这一比喻义。概念转喻 THE HANDS STAND FOR THE ACTIVITY（"手"指代"活动"）的依据是：原始人类活动大多由手来完成。Kövecses 提出，概念转喻"手"指代"活动"可能是概念转喻 THE INSTRUMENT USED IN AN ACTIVITY STANDS FOR THE ACTIVITY（"活动中使用的工具"指代"活动"）的一个特例，在"活动中使用的工具"指代"活动"这一概念转喻中，手（HANDS）可以看作是一种工

---

[1] Kövecses, Z. Metaphor: A Practical Introduction [M]. Oxford: OUP, 2002: 204.

[2] Kövecses, Z. Metaphor: A Practical Introduction [M]. Oxford: OUP, 2002: 208.

具（INSTRUMENT）。

另一常见的概念转喻是 THE HAND STANDS FOR THE PERSON（"手"指代"人"），可看作是概念转喻 THE PART STANDS FOR THE WHOLE（部分指代整体）的一个例示。THE PART STANDS FOR THE WHOLE（部分指代整体）是英语中最能产的概念转喻之一。

3. 基于隐喻和转喻互动的习语理据

我们通过观察语料库中真实的语言数据发现，习语理据并非总基于隐喻或转喻，有时是基于隐喻和转喻互动。这并非认知语言学中的新发现（Deignan，2005；Lakoff 和 Turner 1989；Goossens，1990；Gibbs，1994；Barcelona，2000）。

Deignan（2005）用下面的例子来解释隐喻和转喻互动引起的语义延伸：①

*I vividly remember having a **heated** debate with my boss.*
（我清楚记得和我的老板有过一次激烈的辩论）。

"heated（热的）"在句中的比喻义是"angry（愤怒的，激烈的）"。"heated（热的）"的语义延伸不单是以概念隐喻或概念转喻为基础的。构成"heated（热的）"比喻义的基础是隐喻和转喻两种机制的互动。Deignan（2005）的解释是，大多概念隐喻都基于身体经验，基于我们的身体在经历各种情感时的感受，如，愤怒时会觉得很热，遭到冷遇时会觉得很冷等。概念隐喻 EMOTIONS ARE TEMPERATURE（情绪是温度）是 heated 的比喻义 angry（愤怒的，激烈的）的理据基础。隐喻 EMOTIONS ARE TEMPERATURE 使"heat（热）"这种身体感觉延伸到"愤怒；激烈地"这种精神上的情感。Heated 比喻义的理据是：愤怒时，体温会升高（即感觉热）。所以，使用 heated 表示愤怒是"用部分指代整体"②（Gibbs，1994）。显然，用 heated 表达"愤怒"的用法是同一概念域之内的映射，因此，这是概念转喻而不是概念隐喻。简言之，概念隐喻 EMOTIONS ARE TEMPERATURE 是以概念转喻 BODY TEMPERATURE STANDS FOR EMOTION（身体温度指代情绪）为基础的。也就是说，heated 的

---

① Deignan, A. *Metaphor and Corpus Linguistics* [M]. Amsterdam: John Benjamins, 2005: 70.
② Gibbs, R. W. *The Poetics of Mind: Figurative Thought, Language, and Understanding* [M]. Cambridge: CUP, 1994: 320.

比喻义是概念隐喻和概念转喻互动的结果。

Goossens（1995）把隐喻和转喻互动形成的概念理据模式称为"隐转喻"。他认为常见的两种隐转喻是：①隐喻内包含转喻。②转喻内包含隐喻。

（五）习语理据的渐变

习语理据的认知机制有：①概念隐喻（如 *bright spark*）。②概念转喻（如 *from hand to hand*）。③隐喻内包含转喻（如 *shoot one's mouth off*）。④转喻内包含隐喻（如 *close-lipped*）。Deignan（2005）利用语料库对习语理据的研究结果表明，大量习语/语言表达式都不同程度上同时具有隐喻和转喻的特征。这些以概念隐喻、概念转喻和隐转喻互动为底层概念机制的表达式之间并非界限分明，而是处于一个渐变过程中。

图 1-7-1 列举了从纯转喻到纯隐喻的习语理据渐变过程①（Deignan，2005），现译录如下：

习语理据	示例
纯转喻	from hand to hand
隐喻内包含转喻	shoot one's mouth off
转喻内包含隐喻	close-lipped
基于隐喻的转喻	warm "... a warm welcome is assured."
纯隐喻	a bright spark

图 1-7-1　从纯转喻到纯隐喻的习语理据渐变过程

二、语言反映认知过程

（一）概念化

语言是概念化的结果，是认知过程整体不可缺少的一个组成部分（Langacker，1987）。认知语言学主张，语言的意义源于人们对现实世界的范畴化或概念化的过程和结果，而不是对现实世界的镜像反映（Littlemore，2011；Tyler，2012）。②

概念化是主观过程，通过概念化，混乱的事件和事物可以结构分明，条理

---

① Deignan, A. *Metaphor and Corpus Linguistics* [M]. Amsterdam: John Benjamins, 2005: 70.
② 文秋芳. 评析"概念性教学法"的理论与实践 [J]. 外语教学理论与实践，2013（2）：1.

清楚。概念化过程是以高效和经济的方式进行表征、储存、建构和组织外部信息的过程,可使信息得到更有效的提取、加工和传递。比如,我们有"鸟"的概念范畴,所以我们不需要看到、听到或摸到知更鸟就能想象出它的样子。概念和概念范畴使人能够以经济高效的方式把世界概念化。

语言本质上是概念性的,所以,语言教学,如二语习语教学,也应该是概念性的。为促进语言教学,我们不仅应该关注语言表面形式,还要关注语言单位底层的概念意义。

(二) 身体经验

Langacker 将意义等同于基于身体经验的概念化,即大致等同于认知加工、心智加工或心智经历。[①] 人类通过认知过程把外部客观世界转化成有经验的主观世界,使高度条理的概念构成概念范畴,是概念化过程中的重要环节。Dirven 和 Verspoor 提出,认知过程促成客观世界到感知世界的三种转化:

(1) 使人类从整体上感知事物。

(2) 创造概念,划分各种类属,使之形成概念范畴。

(3) 在概念之间建立联系。

1. 经验主义

根据经验主义者的观点,只有当认知动因同物质和社会经验世界相互作用时,才形成意义。意义的形成很大程度上是一种"具体化",即人类与经验现实的互相作用决定认知。意义的具体化基于特定人类生态学(如头在上面;脚在底部)、物质世界(如"在里面"就是容纳;"在外面"就是不容纳)、特定的文化及各种社会组织。广义的经验表明,意义概念结构对人类认知起着至关重要的作用。

2. 意象图式结构

"意象图式是基于事物之间基本关系的认知基础上构成的认知结构,是人类经验和理解中一种联系抽象关系和具体意象的组织结构,是反复出现的知识组织形式,是理解和认知更复杂概念的基本结构,人的经验和知识建立在这些

---

① 王寅. 认知语言学 [M]. 上海:上海外语教育出版社,2007:297.

基本结构和关系之上"。① 意象图式结构源于我们对日常活动中反复出现的模式、形状和规则性等形成的经验结构（Lakoff，1987）。Lakoff（1987）总结了多种意象图式：部分—整体图式、连接图式、中心—边缘图式、起点—路径—目标图式、上下图式、前后图式、线性图式等，都是简单的、方位性的、动态的，而且源于我们日常感觉运动经验的关系结构。

3. 基本层次结构

基本层次结构以意象图式为基础。Rosch 等（1976）和 Berlin 等（1974）认为，通过基本层次结构这一入口可进入概念范畴网络。基本层次比其他层次在心理上更为突显，其理据是，幼儿园小朋友所学范畴中的第一个词就是基本层次词：如"植物"范畴中的树；"交通工具"范畴中的小车。此外，看见本田车的人往往称之为"车"而不是"本田车"。这说明：人们偏好使用基本层次结构。这种偏好取决于认知经济性和认知实用性（Lakoff，1987）。

此外，基本层次词比其他层次词有更多的隐喻用法，如 *hand* 比 *finger*、*palm* 的隐喻用法更多。这说明基本层次词的又一基本性：被用于隐喻的频率最高。所以，其语义变化最多，发展最快。

4. 理想认知模式

以意象图式结构和基本层次结构为基础能形成更复杂的心理表征，这些心理表征在概念化过程中称为概念和范畴的创造（Dirven 和 Verspoor，1998），即根据群体成员的相似性把实体聚合并作为范畴来表征创造出的概念。笼统地说，概念指"人对世界以及事物的看法"。

Lakoff 认知语言学派把这种复杂的概念表征称为"理想认知模式"或"ICMs"。ICMs 结构化的实体本质意味着包含在 ICMs 中的个体概念不是分开储存而是在各种网络中密集有序地排列着，概念和范畴被嵌入 Langacker（1987）所说的"域"。根据 Langacker，"概念域"指 ICMs 充当"心理表征的实验语境或背景"。只有在这些语境中，对照这些背景，才能理解嵌入的概念单位。换言之，一个特定的概念，只有与其他嵌入相同概念域的概念发生关系时才具有概念意义。比如，概念"手指（FINGER）"，被嵌入"手（HAND）"概念，只有通过它与"手"概念之间的关系才具有概念意义。同样，"手"概

---

① 赵艳芳. 认知语言学概论 [M]. 上海：上海外语教育出版社，2011：68。

念只有通过与"胳膊"概念的关系才具有概念意义。概念"胳膊"本身是"人体ICMs"这一总概念域的次概念域,而"人体ICMs"又是"人ICMs"或"人"概念域的另一次概念域。

总之,意义在人类心智中表征为心理上构建的概念或范畴网络(Dirven和Verspoor的术语)或ICMs/概念域(Lakoff的术语)。概念和ICMs/概念域起着认知表征图式的作用,表征固有知识和理解新的经验都涉及认知表征图式。

三、语言是意义和形式的统一体

Dirven和Verspoor(1998)认为:语言形式和意义来自人类经验世界中概念范畴的映射,语言理据是人类心智中的概念和范畴。换言之,这些概念和范畴是在语言概念层面运作的底层原则,语言的形式和意义是这些底层认知原则的真实体现。Langacker(1987)在描述认知语法时也说,语言不是独立的,而是认知不可缺少的组成部分。

Dirven和Verspoor提出:概念和范畴,作为概念化的输出,产生语言概念和思维,思维和语言未必一一对应,因为我们心智中存在着在语言中没有对应指称的思维。语言形式和意义之间的关系经常是任意的,指称基本概念的单词表达式(如eyes—EYES)尤其如此。多词表达式(eyes on me)由较小单位合成(词或词素),目的是表达更复杂的概念(如eyes on me—ATTENTION),这种合成的多词表达式不是任意的,而是有理据的。换言之,词和概念相结合的方式说明语言形式和多词表达式整体意义之间的关系。同样,习语属于多词表达式,因此也是有理据的。

四、隐喻和转喻是底层思维模式

修辞(尤其是隐喻和转喻)在思维模式中起重要作用,可以解释自然语言和习语的语义理据(Gibbs,1994;Johnson,1987;Lakoff,1987;Lakoff和Johnson,1980)。二语教学中应该运用概念转喻和概念隐喻把语言表层形式和底层比喻意义联系起来分析习语的语义理据。

（一）语义延伸

概念以网络形式存在于心智中，在概念网络中和其他概念保持联系，通过彼此相互参照来定义（比如：根据"手"理解"手指"；根据"胳膊"理解"手"）。根据 Dansei（2000），人类心智中有三种概念网络：指称意义网络、隐含意义网络和隐喻意义网络。指称意义网络与基本意义和具体意义的概念有直接关系；隐含意义网络和隐喻意义网络与概念有间接关系。Lakoff 和 Johnson（1980）认为，概念结构在很大程度上是比喻性的。这些比喻性概念结构指隐含意义网络和隐喻意义网络，这些网络中的概念通过推理相互产生联系。基于 Lakoff 认知语言学派的观点，我们认为这些比喻性概念结构是通过基本认知机制，即概念隐喻和概念转喻的方式以具体概念域的语义延伸为基础的（Lakoff，1987；Johnson，1987；Lakoff 和 Johnson，1999；Fauconnier 和 Turner，1998；Turner 和 Fauconnier，2000）。

1. 概念隐喻

根据 Lakoff 和 Johnson（1980），概念隐喻指通过具体始源域到抽象目标域的跨域映射这一认知方式所构建的复杂 ICMs，也就是"不同领域内一个范畴向另一个范畴的语义延伸，这两个范畴之间的系统和一致类比对理解目标范畴具有重要作用。隐喻的源范畴通常为具体的范畴，而目标范畴是后认知的具体的范畴或抽象范畴"。[①] 那么，表层的语言表达式如何体现底层概念隐喻？Lakoff 和 Johnson 在著作《我们赖以生存的隐喻》（1980）中给出了以下例示（表 1-7-3）。

表 1-7-3 争论是战争

概念隐喻	AN ARGUMENT IS WAR（争论是战争）
语言表达式	Your claims are indefensible.（你的主张是不可防御的。）
	He attacked every weak point in my argument.（他攻击了我论据中的每一个弱点。）
	His criticisms are right on target.（他的批评正好击中要害。）
	I demolished his argument.（我摧毁了他的论证。）

[①] 赵艳芳. 认知语言学概论［M］. 上海：上海外语教育出版社，2011：105。

以上例示表明,用"战争"术语表达"争论"在英语中很普遍。例句中,概念隐喻利用更为具体的始源域来理解较为抽象的目标域。"争论"这一较抽象的概念通过概念隐喻变得更加生动形象,易于理解。

2. 概念转喻

"转喻"在传统汉语修辞学中被称为"借代"。陈望道的定义是:"所说事物纵然同其他事物没有类似点,假使中间还有不可分离的关系时,作者也可以借那关系事物的名称,来代替所说的事物。"①

随着认知语言学的发展,人们普遍意识到转喻不仅是一种修辞方式,也是一种认知机制。认知语言学认为转喻的本质与隐喻一样是人类基本的认知手段,转喻是概念、思维层面上的东西。

Lakoff 和 Johnson（1980）在讨论"转喻"时,提出了七种典型的认知模型②:①部分指代整体。②制造者指代产品。③事物指代使用者。④操纵指代被操纵。⑤机构指代个人责任。⑥地点指代机构。⑦地点指代事件。

从认知语言学的角度来看,概念转喻是使较突显实体从心理上接近不太突显实体的认知过程。转喻中的两个概念属于同一个概念域,即相同的 ICMs（Lakoff,1987）。Kövecses（2002）把转喻定义为"在相同的概念域或理想认知模式中,一个概念实体,即工具,从心理上接近另一个概念实体,即目标的认知过程。"③

转喻和隐喻一样是能够通过转喻表达式来体现的底层概念机制。大多数日常会话中使用的转喻表达式都成组出现,其特征是两个实体之间特定的"指代"关系。表1-7-4是转喻例示。

表1-7-4　部分指代整体

概念转喻	PART FOR WHOLE（部分指代整体）
语言表达式	We need some good **heads** on the project.（我们的项目需要一些有能力的人。）
	The factory **hands** are working busily.（工厂的工人正忙碌工作着。）

---

① 陈望道. 修辞学发凡［M］. 上海:上海教育出版社,1978.
② Lakoff, G. & Johnson, M. *Metaphors We Live by*［M］. Chicago:University of Chicago Press, 1980.
③ Kövecses, Z. *Metaphor:A Practical Introduction*［M］. Oxford:OUP, 2002.

以上示例说明，一种概念指代另一种概念，如"HEADS"（部分）所指称的概念"*people who are intelligent*（有智慧、有才能的人）"（整体），是转喻关系概念的基本特征。这些概念之间的空间意义必须互相接近（Kövecses，2002）。

3. 隐喻和转喻的比较

隐喻和转喻的比较如表 1 – 7 – 5 所示。

表 1 – 7 – 5 隐喻和转喻的比较

学者	隐喻	转喻
Lakoff 和 Johnson（1980）；Lakoff（1987）	从始源域到目标域的跨域映射	同一域中从工具到目标的心理通道
Croft（1993）	两个认知域之间的映射	一个认知域之内的映射
Barcelona（2000a）；Croft（1993）；Lakoff 和 Johnson（1980）；Taylor（1995）	基于相似关系	基于邻近关系
Dirven（1993）；Pauwels（1999）；Seto（1999）	理解和评价功能	指称功能

语言学家 Jakobson（1985）提出，隐喻与转喻的根本区别在于：转喻基于邻近性（contiguity），而隐喻基于相似性（similarity）。[①] 束定芳（2004）认为，"既然转喻根据的是事物之间的邻近（contiguity），就不一定限于某种固定的关系。只要两者之间存在某种形式的联系，其中一个就可作为另一个的转喻。"[②] 隐喻涉及两个概念领域，而转喻一般发生在一个相关的概念域内。就运作机制而言，隐喻的基础是事物之间的相似性，转喻则是事物内部和事物之间的特殊关系。Radden（2000）也认为，经典定义下的转喻和隐喻可以视为转喻隐喻连续体，两者之间模糊的中间地带，属于转喻与隐喻的互动现象。[③]

五、跨语言比较

语义就是概念化，它反映人们对世界的理解和看法。二语习语的语义反映

[①] Jakobson, R. *Closing Statements*：*Linguistics and Poetics*［M］. In Innis, R. E.（ed.），1985.

[②] 束定芳. 隐喻与换喻的差别与联系［J］. 外国语，2004（3）.

[③] Radden, G. *How Metonymic Are Metaphors? Metaphor and Metonymy at the Crossroads*［M］. Berlin/New York：Mouton de Gruyter, 2000.

二语的概念系统，因此，有效的英语习语教学要使学习者意识到母语和英语概念系统上的差异。也就是说，帮助二语学习者对母语和二语进行跨语言和跨文化比较能促进二语习语学习（Boers 和 Littlemore，2003；Kövecses，2005）。

（一）习语理据的跨语言比较

语言反映人类的普遍认知，认知语义学研究语言的意义并把语言概念化。语言使用者以人为中心，基于特异文化影响下对世界的认知而形成大脑中的语言意义（Lakoff，1987；Langacker，1987）。任何两种语言对任何事件的表达都能以完全不同的方式建构和编码。因此，通过跨语言比较可以分析两种或多种语言中对某一类事件在语言表达上存在的共性和差异。

汉语属于汉藏语系，同英语语言文化的差异较大，而概念隐喻在各种文化中并不是等价的，有的概念隐喻具有普遍性，有的则具有文化特殊性[①]。对英汉语言表达式进行比较分析的结果表明，不同语言中也存在共同的概念隐喻。Yu（1995）在对英汉语隐喻的对比研究中，考查了英语"happy"（幸福）的隐喻，发现英汉语中都存在类似的隐喻。英语中"happy"的概念隐喻是"HAPPY IS UP"（幸福是向上的）和"HAPPY IS LIGHT（幸福是轻的）"。汉语中表示幸福时说"高兴""兴高采烈"。

英汉两种语言中的概念 ANGER 有不同的隐喻理据。英语中，ANGER 概念通过 boil，simmer 和 stew 等词来表达，这些词都与"热的液体"相关。ANGER 在英语中的始源域是 A HOT FLUID IN A CONTAINER（容器中热的液体），其概念隐喻是 ANGER IS A HOT FLUID IN A CONTAINER（愤怒是容器中热的液体），是 ANGER 表达式的底层理据。汉语中，"愤怒"的始源域是"身体内过多的气"。语言表达式"沉着气"和"一肚子气"源于概念隐喻"愤怒是体内过多的气"，是汉语中"愤怒"特有的隐喻。由此表明，不同语言中的概念隐喻之间存在差异。

以上所述说明了运用跨语言比较对习语进行理据分析的可能性。有学者在文献中谈到过二语习语教学与跨语言比较之间的关系，如 Cameron 和 Low（1999a，1999b）就论述了 SLA（二语习得）和翻译领域的研究者如何通过探

---

① 胡壮麟. 认知隐喻学 [M]. 北京：北京大学出版社，2004：86.

究语言隐喻系统之间的差异来促进二语习语教学。此外，培养学习者对跨语言和跨文化隐喻比较的兴趣（Boers 和 Littlemore，2003）有利于培养他们的"隐喻能力"（Littlemore，2001）、"概念流利"（Dansei，1995）或"比喻能力"。这表明，在认知语言学范式内，跨语言比较和二语习语教学有密切关系。

（二）习语跨语言比较系统

跨语言比较和二语习语教学的密切关系说明，建立跨语言比较系统是习语教学的首要任务。大批专门研究教学应用语言学的认知语言学家们已尝试利用认知语义学建立这种比较系统（如 Charteris-Black，2001，2002；Deignan，Gabrys 和 Solska，1997）。这些比较系统用来解释各语言中的习语在表层语言形式或底层概念理据方面存在的共性和差异，是对习语的一种类型学比较。这些比较系统的一个重要共性是：区分特定习语的表层形式和底层认知机制。以下简要介绍两种主要习语跨语言比较模式：

1. Deignan 等的比较模式（1997）

在运用培养跨语言意识的活动进行英语隐喻教学的实证研究中，Deignan 等（1997）让波兰的高级英语学习者把 68 个包含隐喻表达式的英语句子翻译成波兰语，目的是探究英语习语和波兰语习语在语言形式和概念系统上的对应情况。Deignan 发现英语和波兰语习语之间有 4 种对应情况：

（1）概念隐喻和语言形式相同。

概念隐喻"RELATIONSHIPS ARE BUILDING（关系是建筑物）"，*cement*（水泥）在诸如 *cement a business relationship* 的表达式中翻译成 cementować（加强，巩固）。

（2）概念隐喻相同但语言形式不同。

以 IDEAS ARE FOOD（思想是食物）为例，两种语言中的概念隐喻相同，但语言表达不同。如，波兰语用 *niedojrzale* 来表达英语中的 *unripe*，用来谈论不成熟的思想。因为 *unripe* 在英语中没有隐喻用法，波兰语表达的意义在英语中使用有隐喻义的 *half-baked*。

（3）概念隐喻不同。

与隐喻 RATIONAL IS UP（理智是上）相关的英语表达式是 *sweep off one's feet*（使某人狂热）。有些被试使用波兰语中相同的隐喻翻译，还有些被试使用波兰语中的表达式如 zauroczyc（charm, cast a spell 迷住）来翻译，其概念隐喻是 LOVE IS MAGIC（爱是魔力）。

（4）字面义相似但隐喻义不同。

意为"审问"的英语 grill 译为波兰语"maglowac"，maglowac 对应的英语为 mangle。Mangle 在英语中的隐喻义为"说得、写得不清楚"。用 mangle 表达 grill 对大多数讲英语者来说尽管可以理解，但不会在英语中生成很多语言表达式。

2. Charteris-Black 的比较模式（2002）

Charteris-Black（2002）比较了英语习语和马来语习语，根据两种语言中概念隐喻和概念转喻的使用情况发现了六类对应。他声明，确定两种语言在语言形式和概念系统上的相似和差异有益于二语教师预测学习者在学习习语时可能会遇到的问题。表1-7-6 列举了 Charteris-Black（2002）发现的六类对应，现译录如下。①

表1-7-6　Charteris-Black 的比较模式

类别	语言形式	概念系统（隐喻/转喻）
第一类	相同	相同
第二类	相似	相同
第三类	相同	不同
第四类	不同	相同
第五类	不同	相同 + 透明
第六类	不同	相同 + 不透明

3. 小结

综上所述可得出以下结论：

（1）习语理据的基础是语言的概念系统。

（2）不同语言的概念系统之间几乎不可能完全对应。

从二语习得角度看，语言概念系统的差异很可能是二语学习者学习习语的主要障碍，因为：

---

① Charteris-Black, J. Second Language Figurative Proficiency: A Comparative Study of Malay and English [J]. *Applied Linguistics*, 23: 114.

（1）目的语习语中存在二语学习者不熟悉的概念系统。

（2）即使目的语和母语的概念系统相似，它们的语言表达式之间也可能完全不对应，或者部分不对应。

（3）由于文化差异或其他原因，概念系统和语言形式都相同的比喻性习语有时隐含的意义不同。

第八节　结构解读

本书由六章构成。第一章，绪论，对论文的研究缘起、研究内容、研究方法、研究的创新点、研究意义、语料来源、研究理论基础及结构进行了介绍。第二章，文献综述，首先把习语和习语性以及各种类习语的表达式以及非习语表达式区分开来；然后讨论习语界定、分类研究的理论方法以及在习语定义上的不同观点及研究方法，并根据研究目的确定了本书所采用的习语定义；接下来是国内外习语二语习得研究综述。综述从二语学习者的角度描述了习语学习的重要性，简要回顾了国内学者在习语和习语习得研究方面所取得的主要研究成果；从习语理解、加工策略、母语迁移、回避现象、教学和学习以及习语习得能力的影响因素方面介绍了国外在习语的二语习得研究领域的主要成果和相关理论。第三章，实证研究部分，主要检测在习语教学和学习中运用概念理据分析教学法的可行性实验研究。实证研究由实验一、实验二和实验三构成。以认知语言学与二语习语教学和学习相结合的习语认知研究模式为依据，提出了研究问题和理论假设，描述了实验一、实验二和实验三的研究设计和实验过程。第四章，结果和讨论，根据实验一、实验二和实验三的研究结果分别回答了6个研究问题。通过描述和分析 SPSS（版本 21.0）输出数据得出的统计结果，得出了具体的研究结论，检验了研究假设，证实了基于认知和英汉跨语言比较的理据分析教学法是有效和可行的。第五章，研究结论与教学应用，主要讨论实验结果对习语教学的启示，并结合相关理论来探讨如何把认知语言学的隐、转喻和跨语言比较合理应用于二语习语的课堂教学。第六章，结语，主要总结了研究的不足之处和有待研究的空间，提出了未来可能的研究和发展方向。

第二章 文献综述

本章首先把习语和习语性、习语和类似习语表达式以及非习语表达式进行了区分;然后讨论习语的传统定义、习语界定、分类研究的理论方法以及对习语定义上的不同观点和看法,并根据研究目的确定了本文所采用的习语定义;最后对国内外二语习语习得研究领域所取得的主要成果和相关理论进行综述。

第一节 习语

习语(英语习语)是一种多词的固定表达式,其整体意义不是其构成词字面意义之和。根据《牛津英语词典》(Oxford English Dictionary, 1989)和陆谷孙教授主编的《英汉大词典》(1993),习语有四项含义,即:①习语,成语。②方言,土语。③(某一语言的)习惯用法。④风格,特色。本书要研究的是第一种,即:习语,成语。习语的本质就是特别的语言。希腊语中习语意为:违反"语言规则"。

习语是一种很特别的语言现象,日常语言中的大部分变体都来自习语。习语并非不断创新的结果,也不是语言生成的结果,而是语言自然使用的结果。Melcuk(1995)认为,人们讲话时使用的是短语,而不是单词。[①]

习语特殊的语言结构是语言学研究中的难题,也是二语学习者学习语言时

[①] Melcuk, I. A. *Idioms: Structural and Psycholoigal Perspectives* [M]. Hillsdale: Lawrence Erlbaum Associates, 1995.

的难点。① 习语性表达式种类多样，涉及范围很广，语言学家很难对其进行准确的定义、分类和界定，并解释其独特的语法行为。此外，对习语性表达式的定义和分类涉及很多语言学术语，给定义习语带来了极大困难。描写习语首先要区分两对概念：①习语和习语性。②习语和其他类习语表达式。

一、习语和习语性

习语和习语性相关，但并不等同。根据 Fernando（1996），习语和习语性都基于特定词汇习惯性和可预测性同现，但习语数量少于习语性表达式的数量。可以说，所有习语都具有习语性，但并非具有习语性的多词表达式都是习语。根据 Fernando（1996），*rosy cheeks* 或 *catch a bus* 等多词表达式不是习语，而是习惯搭配，因为这些表达式中的形容词和名词可以替换，如 *rosy/plump cheeks* 和 *catch a train* 都正确。② 相反，习语是多词表达式，结构固定或半固定，其整体语义不是构成词字面意义之和，如 *smell a rat* 和 *grasp the kettle* 都是习语，因为用 *snake* 和 *grab* 分别替换 *rat* 和 *grasp* 是不允许的，而且两个习语的整体意义（如 *smell a rat* 意为 *suspect that something goes wrong*）并非其构成词字面意义之和。习语性强弱如表 2-1-1 所示。

表 2-1-1　习语性强弱

纯习语 (pure idiom) 固定性	比喻习语 (figurative idiom) 字面义或习语性	半习语 (semi idiom) 半习语性	搭配 (collocation) 灵活性

---

① 我们有必要在此对"二语"与"外语"进行简单的区分。广义的第二语言是泛指母语以外人们学习的另外一种语言，这自然也就包括外语。而狭义的第二语言则是指在某一特定地域中，在较多领域通用的语言，如官方语言、学校教学语言、社会交往语言等（Rodelhs，1994）。在中国，英语是外语，基本上都是从广义的第二语言的角度去研究英语教育。本研究是在中国的外语环境下进行的，所以采用其广义界定，即"二语"与"外语"基本等同，可互相替换。"学习"和"习得"也视为同一概念。"第二语言"简称为"二语"，"第二语言学习者"简称为"二语学习者"，下同。

② Fernando, C. *Idioms and Idiomaticity* [M]. Oxford：OUP, 1996：30.

二、习语和其他类习语表达式

根据 Moon（1998），"习语"这一术语模棱两可、含混不清。① 相关文献表明，对习语（idiom）的指称多种多样，如预制语块、规约化形式；还有包括习语的固定表达式、惯用语、套语、开场白、词汇短语、短语词汇单位、特殊用语单位等（Aijmer，1996；Carter 和 McCarthy，1997；Cowie，1981，1992，1998；Erman 和 Warren，2000；Lewis，1993，1996，1997）。以上有些指称并不等同于本研究采用的习语概念，在此需要先把这些指称同本研究采用的习语概念做一区分。

（一）固定表达式

习语和固定表达式尽管有区别，但二者性质相同，固定表达式包括习语。根据 Moon（1998），固定表达式是两个或两个以上的词所构成的整体单位。本研究采用的术语"固定表达式"包括习惯搭配、谚语、套语、俗语和常规比喻。

（二）习惯搭配

习惯搭配和习语一样属于固定表达式之一，不同之处是：习惯搭配的语义透明，句法允许变化。Howarth（1998）认真研究了习语和习惯搭配后提出：从定义上明确区分习语和习惯搭配理论上合理，但实践应用中却不可行，语篇中的语言数据可以证实这一观点。他还提出，习惯搭配不是简单的双向区分，而是一个连续体，连续体中每一项都是可分级的。② 表 2-1-2 是 Howarth（1998）对习惯搭配连续体的划分，现译录如下。

表 2-1-2　习惯搭配连续体

	自由搭配	限制性搭配	比喻性习语	纯习语
词汇合成 （动词+动词）	Blow the trumpet	Blow a fuse	Blow your own trumpet	Blow the gaff

---

① Moon, R. *Fixed Expressions and Idioms in English: A Corpus-based Approach* [M]. Oxford: Clarendon Press, 1998.

② Howarth, P. Phraseology and Second Language Proficiency [J]. *Applied Linguistics*, 19 (1): 24-44.

续表

	自由搭配	限制性搭配	比喻性习语	纯习语
语法合成 （介词+名词）	Under the table	Under attack	Under the Microscope	Under the weather

（引自 Howarth，1998）①

自由搭配的意义基本上等同于其构成词字面意义之和，构成词可以被替换（如 *under a chair*，*blow the whistle*），语义完全透明，不具备成为习语的条件。限制性搭配有一定的语义特殊性和习语性，构成词中至少有一个词保留原义，其透明度减少，如 *rain cats and dogs*（下瓢泼大雨）里的 *rain* 保留原义。比喻性习语的意义由其构成词的意义转变而来，或者说它的意义就是比喻义，但它还是有别于纯习语的，因为它既有整体比喻义，其字面义也成立。纯习语习语性最强，结构最固定，极少或完全没有变体，如 *kick the bucket*（死），这类习语只有习语义，透明度最差。

（三）谚语和套语

谚语和套语这两种固定表达式与习惯搭配不同。从自由搭配向纯习语过渡的连续体表明，习惯搭配和习语有相关性，但谚语和套语则必须与习语明确区分，这两种表达式属于成分混杂的固定表达式，如果不能对其准确定义，可能会干扰习语的分类和系统化。

1. 谚语

谚语是一种结构简洁、寓意深刻、哲理性强、通俗易懂的定型语句，经常带有劝诫或教育意义。英语谚语与英语习语关系密切。

谚语在句法、语义和文化内涵三个方面与习语有所区别。首先，从句法角度来说，谚语以句子形式生成，句子时态通常是一般现在时。谚语结构相当固定，其句法和构成词通常不会发生变体。而习语通常是比单词大、比句子小的单位，虽然有些习语的结构是句子，但为数不多；许多习语具有不同程度的转换能力，也就是说有合法变体和临时变体。有的谚语结构不像句子，如"No

---

① Howarth, P. Phraseology and Second Language Proficiency [J]. *Applied Linguistics*, 19 (1): 28.

mill, no meal（不劳动者不得食）"，这是省略动词的缘故。有的习语与谚语关系密切，是谚语缩略形式约定俗成的结果，如表2-1-3所示。

表2-1-3 谚语缩略形成的习语

谚语	习语
A stitch in time saves nine.	a stitch in time
A bird in the hand is worth two in the bush.	a bird in the hand
A rolling stone gathers no moss.	a rolling stone
Don't throw the baby out with the bathwater.	throw the baby out with the bathwater

其次，从语义角度来说，谚语所表达的意义完整，有些谚语的意义是其构成词意义之和。这点上与习语有较大不同。绝大多数习语透明度差，难以从字面上推导出习语义。

最后，从文化内涵角度来说，习语是语言词汇中最具文化色彩的部分，谚语是经验和智慧的结晶。习语是民族性的，而不少谚语是世界性的。

2. 套语

套语和习语都具有结构固定性和使用普遍性的特点，容易使词典编纂者和习语收集者把二者归为同类，但二者还是有差别的。首先，套语用于特殊的语篇语境，如 Pawley（1993）所描述，套语是"用于问候、介绍、分别、祝贺、道歉和同情等日常社会习俗中的词语固定形式。"[①] 可以说，套语的使用差不多都是由社会习俗规定的，而习语的使用通常受到句子语境的限制。英语中有很多套语，如"*Long time no see.*；*How do you do?*"等。

（四）习语分类模式

我们根据习语和类习语表达式区分结果建立了一个分类模式，以下分类模式只代表研究者普遍认可的分类模式，不代表所有研究者的观点。表2-1-4的分类模式也是本研究采用的分类模式。

[①] Pawley, A. *A Language Which Defies Description by Ordinary Means* [M]. Berlin: Mouton de Gruyter, 1993: 92.

表 2-1-4 习语和其他固定表达式的分类模式

固定表达式					
习语——搭配连续体				非习语	
自由搭配	限制性搭配	比喻习语	纯习语	谚语	套语

第二节 习语定义

综上所述，准确定义习语并非易事。由于不同学者对习语的看法不同，侧重点也不同，所以至今还没有对习语形成理想、统一的定义。但是，研究习语首先要确定习语的定义，所以在此我们有必要在综合各种文献对习语定义的基础上根据研究目的定义习语。

一、传统习语定义

词典编纂者们普遍认为，习语由一系列词构成（即多词表达式），其整体语义不等于其构成词意义之和，很多英语习语词典对习语意义的描述也与此基本一致。表 2-2-1 总结了 6 部权威性英语习语词典对习语的定义。

表 2-2-1 6 部权威性英语习语词典对习语的定义

习语词典	习语定义
Collins COBUILD Idioms Dictionary (2002)	习语是一种特殊的短语，其整体意义不是其各个组成部分意义的相加
Cambridge International Dictionary of Idioms (1998)	学生们学习习语面临的一个主要问题是根据习语构成词义无法猜出习语整体意义（前言）
Longman Idioms Dictionary (1998)	习语由一组词组成，其整体意义不是源于其构成词的意义（vii）
Oxford Idioms Dictionary (1999)	习语包括语言中大量一定程度上已固定或半固定的表达式，这些表达式的意义与其构成词的字面意义无关（前言）
Webster's Third New World International Dictionary (1976)	习语是语言中惯用的表达式，它要么语法结构特殊，要么整体意义不能从其构成成分的意义得出
Webster's Third New World College Dictionary (3rd edition, 1996)	在特定语言中被视作习用单位的词组、结构或表达式，其结构特殊，意义有别于其构成词的字面意义相加

以上英文词典对习语的定义表明，由于词典编纂者对习语理解视角不同，定义习语时在措辞和侧重点上也有所不同。但这些定义都没有明确习语构成词的数量，有的词典提到习语结构的特殊性，而有的词典没有涉及结构的特殊性，因此很难界定习语的准确范围。

二、习语界定和分类研究的理论方法

习语是复杂而多维的语言学现象，几十年来一直是词汇学家、词典编纂者、形式语言学家、心理语言学家和社会语言学家调查研究的对象，他们运用各种不同的理论方法来研究这一复杂的语言现象。其中，习语的界定、分类和理解三个方面的研究成果最为丰富。上述三方面的习语研究运用了习语研究领域常用的理论方法，如①句法方法。②语义方法。③功能方法。④心理语言学方法。⑤认知语义方法，概括如表2-2-2所示。

表2-2-2 习语界定、分类和理解研究的理论方法和代表学者

研究方面	理论方法	代表学者
习语界定 主要关注习语和非习语的区分	句法	Hockett (1958); Katz 和 Postal (1963); Makkai (1972); Weinreich (1969); Fraser (1970); Fernando (1978, 1996)
	语义	Hockett (1958); Katz 和 Postal (1963); Makkai (1972); Weinreich (1969); Fraser (1970); Fernando (1978, 1996); Moon (1998)
习语分类 根据习语语义透明度、结构变体和句法结构对习语进行分类	句法	Katz 和 Postal (1963); Makkai (1972); Fernando (1978, 1996)
	语义	Katz 和 Postal (1963); Makkai (1972); Fernando (1978, 1996); Moon (1998)
	功能	Makkai (1972); Fernando (1978, 1996)
	词汇语法	Moon (1998)
	语用	Moon (1998)
	认知语义	Kövecses (2002); Kövecses 和 Szabo (1996)

续表

研究方面	理论方法	代表学者
习语理解 主要回答习语如何被表征、储存并在大脑词汇中恢复,以及母语人和非母语人如何学习、理解和加工习语等问题	心理语言学	Bobrow 和 Bell (1973); Swinney 和 Culter (1979); Gibbs (1980); Cacciari 和 Tabossi (1988); Gibbs 和 Nayak (1989); Gibbs (1994)

表2-2-2表明,第一,习语研究要用到各种不同的理论方法,研究方法的多样化有利于掌握习语多维性本质。第二,表2-2-2只列出了其观点与本研究相关的一些学者。习语理解的心理学研究与本研究相关性不大,仅简单介绍,以下不做详述。

三、习语界定和分类的不同观点

英国学者Hockett(1958)是第一个根据语言学现代流派用英语研究习语的语言学家。他提出,任何无法从结构推断出意义的语言单位就属于习语,这里的语言单位包括自由语素和黏着语素(如 *work*, *-ed*, *tele-*, *class*, *room*)以及句子(如 *what's up?*)。根据Hockett, *work*, *-ed*, *class* 和 *room* 属于习语,这是因为从以上结构中无法推断出每个语素的意义;而 *worked* 和 *classroom* 不属于习语,因为根据两个构成语素可立即推断出其意义。Hockett 还认为,词、短语、句子都可以是习语。除了普遍接受的短语习语、短句习语外,他认为代用词(substitute)、专有名词(proper names)、颜色词(colors)以及用于比喻的单纯词(metaphorical words)都是习语。Hockett 对习语的界定过于广泛,不适于科研和教学目的的。

根据Katz 和Postal(1963),由多语素构成的单个单词如 *greenhouse* 和 *telephone* 应该界定为习语。他们认为,"习语的主要特征在于习语的完整意义,习语意义不是习语基本语法成分意义的合成"。① 根据这一推理,*greenhouse* 属于习语,因为它的整体意义"生长和培育植物的地方"不是 *green* 和 *house* 两个构成语素的合成意义。根据Katz 和 Postal对习语的定义,那些整体意义不是

---

① Katz & Postal. The Semantic Interpretation of Idioms and Sentences Containing Them [J]. *MIT Research Laboratory of Electronic Quarterly Progress Report*, 1963 (70): 275.

其基本结构成分意义之和的短语也是习语，如 *kick the bucket*, *blow the trumpet*, *shoot the breeze*。Katz 和 Postal（1963）认为习语在句法上是不可变体的。

美国学者 Makkai（1995）认为不能从字面上理解意义的短语和句子都是习语，除此之外，他认为礼貌用语的结构（institutionalized politeness）、以问句形式提出的建议的结构（proposals encoded as questions）、表示问候的结构（greetings）、有些合并式综合词（incorporating polysynthetic words，如 to sightsee）都可以作为习语。但是他忽视了习语"在结构上要至少相对固定"的特点。与 Katz 和 Postal 一样，Makkai（1972）也提出多语素词属于习语。此外，他也坚持认为，习语意义并非来自习语构成词的意义。

Weinreich（1969）与上述所有学者相比对习语的界定范围最为狭义。第一，从句法结构来说，他认为单个多语素词如 *telephone*（附着+自由语素）和 *greenhouse*（两个自由语素）不属于习语，只有像 *red herring* 和 *pull someone's leg* 这样的多词表达式才符合习语标准。第二，从语义复杂性来说，Weinreich（1969）认为只有那些既有字面义又有习语义的多词表达式才是习语。

Fraser（1970）[①] 认为只有那些意义并非源于构成词的表达式才属于习语。然而，Fraser 认为习语必须既有字面义又有比喻义。为解释习语可能发生的变体程度，Fraser 根据自己对习语句法变体的分析，把习语句法变体分成了七个等级。根据 Fraser，如果一个习语能发生较高级别（如五级变体）的变体，就会发生较低级别（如三级变体）的变体。

Fernando（1978，1996）在定义习语时却没有把意义的透明度作为一个限制条件，她认为结构上极少或没有变体的固定表达式就是习语。换言之，Fernando 认为，意义透明和意义不透明的表达式都可以是习语。这一界定还是过于广泛，因为不管是英语还是其他语言中都存在无数句法上极少或没有变体的表达式。

Fernando 从句法和语义层面对习语进行分类。句法上，她把习语分为"不变体习语"和"受限制变体习语"；语义上，把习语分为"纯习语（非字面义）""半字面义"和"字面义"习语（Fernando，1996）。表 2-2-3 是 Fernando 基于句法语义的习语分类。

---

① Fraser, B. Idioms Within A Transformational Grammar [J]. *Foundation of Language*, 1970 (6): 32.

表 2-2-3　Fernando 基于句法语义的习语分类

项目	非字面义（纯习语）	半字面义	字面义
不变体	smell a rat	foot the bill	on the contrary
受限制变体	grasp a nettle	blue film	for example

Fernando（1996）认为，Halliday（1973，1985）关于语言具有三个元功能的观点可用于习语研究，可根据习语功能对习语分类，她按功能把习语分为表意习语、人际交流习语和关联习语。Fernando 在习语研究方面的贡献是创新性地使用 Halliday 的语言功能模式来研究习语功能。

Moon（1998）把习语界定为"意义半透明或不透明的比喻表达式，如 *spill the beans*（泄密）和 *burn one's candle at both ends*（多方面迅猛消耗精力或资财）"。[①] 这一界定没有提到习语的句法特征。Moon 在习语界定方面值得关注的是她区分了习语和固定表达式。Moon 知道在实际应用中很难明确区分固定表达式和习语，因此她描述道："我将把固定表达式（包括习语在内）称为'包括习语的固定表达式（FEIs）'"。[②] 本研究采纳的观点与 Moon 的一致，即固定表达式包括习语。

我国著名学者李赋宁（1979）认为，语法结构上的特殊用法、语义和字面意义有区别的、相当于各种语法词性的短语，结构独特、语义与字面意义无关的短语，表达心情和态度的习惯用语和套语以及英语格言和谚语都属于习语。这一界定范围也过于宽泛。

除上述已被广泛认可并使用的习语界定和分类方法外，学者们还提出了一些其他的习语界定和分类方法。Kövecses（2002）、Kövecses 和 Szabo（1996）使用认知语义方法，根据认知机制（如隐喻和转喻）对习语进行了分类，从广义上把习语分为隐喻习语（如 a piece of cake）和转喻习语（如 give someone a hand）。还有一些习语教材编著者（Genzel，1991；Lindstromberg 和 Boers，2005；Wright，1999）按习语的原始来源对习语分类：如商业（如 the bottom line）、运动（如 hit a home run）、吃（如 compare apples and oranges）等。

[①] Moon, R. *Fixed Expressions and Idioms in English: A Corpus-based Approach* [M]. Oxford: Clarendon Press, 1998: 2.

[②] 同上。

四、定义习语的参数

定义习语是件复杂的事情，需要使用适当的方法对其系统定义。表2-2-4是 Langlotz（2006）总结的定义习语的参数，现译录如下。

表2-2-4　定义习语的参数

参数	特征	术语
语法	熟悉度	规约化
形式	结构形式复杂：多词单位	合成
	词汇语法表现：句法、形态和词汇变异受限	固定
意义	意义不是构成词字面义的相加，而是引申义或比喻义	非合成性

（引自 Langlotz, 2006）

规约化是"使一串语言符号成为一个可识别并接受的词汇的过程"[①]（Bauer, 1983）。习语是经过规约化这一社会语言学过程而形成的语言表达式。

合成指习语这一多词表达式由两个或两个以上的词构成。Fernando 和 Flavell（1981）认为，"习语中的每个词汇单位通常都是固定的，不能轻易删掉或用别的词汇替换"。[②] 如 cast an eye on something 中，不定冠词 an 常规性地和 eye 一起使用，不能删掉或替换。

根据 Barkema（1996），"固定性"可分为：①对构成词选择的限制；②对句法和句法形态的限制。习语 cast an eye on something 和 a slap in the face 都具有固定性。原因有二：第一，这两个表达式的搭配受到限制，构成词都不能被其他词所替代，如 **throw**（替代 cast）an eye on something，a **smack**（替代 slap）on the face 都是错误的习语表达式。第二，两个表达式都不能用于被动语态，如 an eye is cast on something，the face is slapped 都是不正确的。

非合成性指习语意义并非构成词意义之和。习语的语义透明、语义透明度差和语义不透明都源于习语意义的非合成性。传统上，这一概念一直是定义习语所依据的基本特征。

[①] Bauer, L. *English Word-formation*［M］. Cambridge：CUP, 1983：48.
[②] Fernando, C. & Flavell, R. *On Idiom：Critical Views and Perspectives*［M］. Exeter：University of Exeter Press, 1981：38.

习语整体意义和其构成词字面意义之间的关系可以反映习语的比喻形式。根据 Langlotz（2006），区分习语两个不同层面的"意义"，即"字面义"和"比喻义"，是非常必要的。①

表 2-2-5 表明，习语构成词的字面义通过一种或一种以上的比喻形式引申为特定多词表达式的习语义。根据习惯搭配连续体，比喻性习语的引申义与字面义通过底层形式（如隐喻和转喻）相联系。

表 2-2-5　比喻形式

字面义（构成词意义之和）	←比喻形式→	习语义（整体语义）
Cast an eye on something = throw an eye on something *A slap in the face* = someone's face is slapped	隐喻 转喻 明喻 拟人 夸张	*Cast an eye on something* = examine something carefully *A slap in the face* = something which upset you

（引自 Langlotz，2006）

五、本书采用的习语定义

上述习语的定义参数，即语法、形式和意义，或规约化、合成性、固定性和非合成性，可用于分析和描写多词表达式的习语性。Barkema（1996）和 Skandera（2004）认为，习语的定义取决于定义参数的选择。②

尽管习语识别特征很重要，但它们彼此之间并没有明确界限，而是以连续体形式存在。根据表 2-2-4 中的习语定义参数可以看出：一方面，语言形式上的合成性与复合词有重叠之处（Glaser，1986，1988）；另一方面，规约化、固定性和非合成性都具有渐变性。Moon（1998）认为：①习语的规约化程度从高逐渐到低。②习语固定性从固定渐变为灵活。③习语非合成性从意义不透明

---

① Langlotz, A. *Idiomatic Creativity*: *A Cognitive Linguistic Model of Idiom-representations and Idiom-variation in English* [M]. Amsterdam/Phildelphia: John Benjamins, 2006: 45.

② Barkema, H. Idiomaticity and Terminology: A Multi-dimensional Descriptive Model [J]. *Studia Linguistica*, 1996（50）: 125-160.

Skandera, P. *Logical Units*: *Basic Concepts and Their Application* [M]. Basel: Schwabe, 2004: 22-36.

贺阿丽. 英语"动词+定冠词+名词"习语的变体研究 [J]. 重庆交通大学学报, 2014（4）: 136.

渐变为透明。以上述三个参数为基础的习语定义参数连续体图示如表 2 – 2 – 6 所示。

表 2 – 2 – 6　习语定义参数连续体

习语是连续体	
高　　　　　　　　　　规约化　　　　　　　　　　低	
Of course	can not cut the mustard
固定　　　　　　　　　　固定性　　　　　　　　　　灵活	
kith and kin	give someone stick
不透明　　　　　　　　非合成性　　　　　　　　透明	
kick the bucket	enough is enough

如表 2 – 2 – 6 所示，定义习语的参数都是变量，这些变量不同程度地作用于同一个习语。在习语定义参数连续体上，特定固定表达式所处的位置能决定其习语性的强弱程度。以下是 Langlotz（2006）对习语的定义，也是本文所采纳的习语定义，它既能表达习语的本质，又能表达习语连续体的观点：

习语是两个或两个以上单词构成的规约化结构，是以短语或部分小句形式出现的合成结构，习语主要具有表意功能和比喻特征。此外，习语结构非常固定，极少或完全不发生变体。贺阿丽（2014）认为："习语之所以不发生变体，是因为它们的变体对形成习语语义没有任何意义。习语变体的目的主要是达到特别效果或是改变语体。"综上所述，结合本文的研究目的，我们总结了习语定义、界定和分类所依据的三个标准：

（1）习语是固定表达式，至少由两个构成词组成。
（2）习语的整体意义不是其构成词字面意义的相加。
（3）习语的句法结构相对稳定，极少发生变体。

第三节　二语习语习得研究综述

二语习语习得研究一直是应用语言学的重要研究课题之一。国内外的词汇学家、语言心理学家、社会语言学家和认知语义学家对此一直很感兴趣（如：语言心理学家关注二语习语的加工理解；社会语言学家关注二语习语在不同语篇中的应用）并且在二语习语研究的不同领域取得了丰硕的成果。

对二语学习者而言，习语能力的提高标志着二语语言能力的提高，同时还可培养目的语的文化意识和用目的语交际和沟通的能力，可以说，习语学习是二语学习者学习过程中的重要环节。习语学习对二语学习者的重要性体现在七个方面：语言输出、交际功能、二元学习功能、使用率、文化、语域语篇以及学习动机。表2-3-1概括了习语学习对学习者的重要性。

表2-3-1 二语习语习得的重要性

	习语特征	重要性
语言	普遍性	掌握目标语并达到地道的目标语语言水平
语言使用	语言输出	使用组成语言两大重要部分之一的短语来说和写
	交际功能	以非习语无法使用的方式传达信息
语言习得	二元学习功能	深入分析语言，有利于习语理解和记忆
	文化	了解目的语的文化和语言特异性
	出现频率	创造更多的语言输入和语言使用机会
	语域语篇	培养更好的交际能力
语言提高	动机	努力提高目标语语言能力

一、国内二语习语习得研究综述

（一）习语研究成果回顾

国内的英语习语研究开始较晚，根据研究重点不同，大体分为两个阶段：经验期（1978—1997）和多元理论期（1998—现在）。1998年，佘贤君等在《心理科学》上发表了"惯用语的理解：构造还是提取"，说明国内的习语研究已经从经验期开始过渡到多元理论期。

传统习语研究主要关注英语习语的结构、分类、类型、语义、句法特征和理解（如张培基，1980；华先发，1998；许巧军，1998；汪榕培，2000；唐洁元，2001；刘正光，2001；刘再雄，2002；鞠玉梅，2004；刘文宇、潘琪，2005等）、习语的典故及其来源（吴远恒，1998；庄和诚，1986、1983等）

及翻译角度探讨英语习语的翻译技巧（如辛献云，1994；应志平，1998；张庸萍，2003；曾晓俊，2004；孙洪山、张法科，2008等）。

近十几年来国内研究者开始逐渐摆脱传统的英语习语研究模式，开始尝试运用语言学理论对英语习语进行多角度研究，取得了很多成果，研究重点逐渐转移到认知语言学、功能语言学及应用语言学等研究方向。认知语言学主要关注习语的语义及其理据（如许巧军，1997；周巧红，1999；谢应光，2002；马少英，2006等）、习语的认知构建与理解、加工机制（如王文斌，2004；王洪刚，2005；徐景亮，2007、2010等）以及英语习语的认知特征（如高丽萍，2007等）。功能语言学派的学者将研究兴趣放在习语的语用功能上（如常晨光，2002、2003；彭庆华，2006；张文凤，2008等）。此外，还有对英语习语的内部变体和临时变体的研究（华先发，1998；鞠玉梅，2004；黄曼，2013等）。习语的应用语言学研究也一直备受国内学者及教师重视。他们从实证入手，通过教学实验（如陈士法，2001；刘红艳、李悦娥，2005、2007；唐玉玲，2007；吴莉、崔洪弟，2008等）来调查探究外语学习者理解、习得习语的状况，并对习语教学提出了宝贵的意见。

除此之外，还有学者从英汉语言和文化差异角度对英汉习语进行比较研究，如习语的定义和范围、来源、句式、构词、变体及功能等方面的对比，也涉及翻译的问题（如陈文伯，1982；张宁，1999；张若兰，2003；杨自俭、奕雪梅，1989；王金娟，1993；彭继兰，1996；周启强，2001；王文斌、姚俊，2004等）；还有探讨习语在语篇中的连接功能（如陶岳炼，2002）；探讨英语习语记忆模式（如陈士法，2001）；从心理语言学角度介绍国外惯用语研究的发展（如佘贤君等，1998、2000、2001、2002；王君明，1998等）；从认知语言学角度介绍国外惯用语理解研究的发展（如刘正光，2002；陈道明，1998等）。

习语研究成果在进入多元理论研究时期后主要成果以论文为主，很少有对习语从多个角度和多个方面的系统综合研究。骆世平（2006）所著《英语习语研究》采用传统和现代相结合的方法，较为全面地反映了习语的全貌，对习语和汉语成语的比较也有所阐释。

综上所述，国内英语习语研究的成果颇丰，但是，从语言习得角度研究二语习语习得的成果为数不多。

（二）习语的二语习得研究概述

20世纪90年代末，习语研究进入多元理论时期。许多学者突破原有的研究模式，开辟新的研究途径。一是认知语言学和心理语言学在习语理解研究方面的应用使得习语研究内容从来源、特征、结构、句法开始向对习语的理解模式、认知机制、转换能力等方向发展。二是语用学和社会语言学理论也用于研究习语的交际功能。习语研究的理论向习语的应用转化，主要是为促进习语教学和培养认知能力。

近几年，随着应用语言学的发展，从语言习得角度对二语习语习得的研究也开始越来越多，主要包括以下几个方面：英语习语的记忆模式、理解加工策略；联想机制与习语认知的关系、习语类型、外语水平对习语理解的影响及对策略使用情况的影响；隐喻习语的认知以及相关策略，对错误语料的分析来探讨英语习语的习得特征；习语学习者的创造性认知过程等。主要研究方法为实验、调查问卷、测试、有声思维等。国内二语习语习得研究如表2-3-2所示。

表2-3-2 国内二语习语习得研究

研究者	研究方法	结果
陈士法（2001）	以非英语专业3个班学生为被试，10个英语习语为测试材料，调查英语习语的记忆模式	学生在记忆英语习语时，是以习语的英语形象为主的，然后是英语形象的汉语名称—汉语形象的汉语名称—汉语形象的英语名称
谭利思（2004）	通过有声思维的方法，收集了4名受试者对20个英语中常用习语的理解加工策略	数据分析揭示了受试者对习语理解是通过多种策略的综合使用来实现的，而上下文则充当着习语理解的必要条件的作用
刘红艳，李悦娥（2007）	测试了480名英语及非英语专业大学生的英语习语认知状况，实验测试的习语都是短语动词，都带有副词小词up或down	只要懂得运用联想机制，学会找到英语习语中存在的内在认知规律，认知英语习语就会达到事半功倍的效果
林维燕（2006）	采用有声思维法，探讨20名本科三年级非英语专业学习者在阅读过程中对短语成语的在线理解过程	发现学习者在理解英语成语的过程中所采取的是一种启发探索法。英语学习者采用母语成语理解模式的特征不明显，上下文的引入对成语的理解起到显著的促进作用。学习者对英语成语意义的理解是动态的，它先后经过两个主要阶段："猜测"和"肯定、替换或重组"

续表

研究者	研究方法	结果
吴旭东等（2006）	以习语的概念基础与文化内涵、语言表达方式两个因素为基础，分别建立跨概念和跨文化的英汉习语对比分类框架，并以此为理论依据分别调查了英语专业中级和高级学生对包含隐喻和文化内涵的习语的理解	二语习语理解实质上是概念或文化迁移的过程，但由于我国外语课堂环境不利于二语语言形式与其相关的概念体系和文化内涵之间关系的建立，学习者通常只能靠与母语相关的概念体系和文化内涵的迁移来理解二语习语，导致理解成功率低下
唐玉玲（2007）	对不同英语水平学习者进行英语习语测试，收集到英语习语错误语料，分析错误产生的原因，探讨英语习语习得特征	无论哪一个英语水平阶段的学习者，大多数英语习语错误皆由运用交际策略造成；基于交际策略的错误会随着英语水平的提高而减少；语内错误会随着英语水平的提高而增多；语际错误没有因为英语水平的变化而呈现出明显的变化趋势
吴莉、崔洪第（2008）	大学英语专业新生分为实验组和对照组，考查了隐喻理据在中国学生英语习语教学中的效果和习语学习者或加工者的创造性认知过程	隐喻理据能促进非本族语英语学习者的习语学习，有助于英语习语的教学过程
于翠红、张拥政（2012）	从关联语境的视角考查了学习者二语习得某阶段词汇指称能力、推理能力与特定语境下词汇释义能力三维度的发展状况及其相互关系	1）学习者词汇能力各维度发展不均衡；2）尽管学习者词汇指称能力与推理能力均能预测其特定语境下词汇释义能力，但与指称能力相比，推理能力预测力更强；3）语境构建有助于学习者有效地进行词汇语用推理，对词汇综合能力的稳定发展具有很大的促进作用
唐玲（2009）	运用有声思维方法和英语习语理解测试卷，调查了习语类型和学习者的英语水平对 EFL/ESL 习语理解的影响	语言水平与习语类型对学习者理解英语习语都有显著影响

综上所述，国内在二语习语习得方面的研究已取得一些成果，但研究内容还是不够深入，研究范围也有待扩大，"尤其是应当在理论上有所突破，论据上要用封闭语料提供充足的数据"。[①] 随着认知语言学的发展，人们不断挖掘习语的本质。应用语言学的发展也促使习语研究的成果更多地运用于实际的教学、学习中。认知语言学家认为，学习和掌握习语不能只靠单纯的记忆、模仿，还应该尽量理解习语的隐喻概念，注意习语的组成部分与习语整体意义间的内在联系。习语教学中应注意讲解习语的隐喻概念，重视学生隐喻能力的培

---

① 王寅. 学位论文撰写纲要——兼谈认知对比语言学 [J]. 语言教育, 2014 (1)：4.

养。应用语言学家认为,二语习语教学应该融入整个教学中,习语教学中应该运用对比分析方法,根据母语与目标语习语间的相似度对习语进行比较分类,根据习语的类型特点和难易程度进行有针对性的分层教学。

本研究拟把认知语言学和应用语言学相结合,建立应用认知语言学理论框架,结合英汉习语跨语言比较,以英汉语人体部位习语作为封闭语料和例证,通过实证研究构建一种概念理据分析教学法,引导学生充分利用比喻性习语的可分析性,运用一定的语境、概念隐喻知识和跨语言知识来学习习语。

此外,我们还有必要了解和借鉴国外二语习语习得研究成果,以进一步拓展我国二语习语习得研究的探索角度和研究范围。

二、国外二语习语习得研究综述

国外习语研究从结构语言学开始,经历了从规范、描写到解释三个阶段,应用理论从结构主义理论、生成转换理论向跨学科理论发展,如心理语言学、社会语言学和认知语言学等。随着习语研究的理论向应用转化,二语习语习得研究开始蓬勃发展。本节将从以下几个方面介绍国外二语习语习得的相关理论和研究成果。

(一)习语加工理解

外语学习者如何加工理解习语?有没有可用于习语加工理解的模式和策略?如果外语学习者确实通过某种模式和策略加工理解习语,那么这种模式和策略与学习者母语中的习语加工理解模式和策略有何不同?语言学家和心理语言学家一直对这些问题非常关注。几十年来,他们对二语习语的加工理解进行了大量研究。

(二)习语加工探究模式

根据 Cooper(1999),二语习语加工理解模式与母语习语加工理解模式不完全相同。我们已知的 4 个母语习语加工模式是:①习语语列模式。②词汇表征模式。③直通理解模式。④习语分解模式。

外语学习者在加工二语习语时通常使用"习语加工探究模式"。Cooper(1999)提出,外语学习者使用的习语加工探究模式所包括的理解策略多于任何一种母语习语加工模式。Cooper 认为，探究模式"既是探究过程又是学习方法"。① 探究模式包括三个要素：①二语学习者。②外语教师。③教学和学习过程。

（三）习语加工策略

根据 Liu（2008），二语习语加工探究模式包括以下主要习语加工策略：语境知识策略、语用知识策略、母语语言知识策略和母语概念知识策略。

以下简要介绍一下上述 4 个主要二语习语加工策略：

1. 语境知识策略

根据 Cooper（1999），外语学习者通过语境策略"研究习语的嵌入情景并参考情景推断习语的意义。"② 表 2-3-3 是二语习语理解中应用语境知识策略的两个相关研究。

表 2-3-3　二语习语理解中应用语境知识策略的两个相关研究

研究者	方法	结果
Cooper（1999）	◇18 位高级 ESL 学习者 ◇被试要求口头解释 20 个英语习语的意思 ◇有声思考	◇学习者理解加工二语习语时使用了 8 个主要策略 ◇语境知识策略使用率为 28%（最高） ◇使用语境知识猜测习语意义的正确数占正确猜测总数的 57%（最高）
Bulut 和 Celik-Yazici（2004）	◇18 个英语教师，也是高级英语学习者 ◇和 Cooper（1999）使用的方法相似	◇被试首先使用的是语境策略 ◇利用语境知识策略猜测习语意义的成功率最高

综上所述，语境知识策略是习语加工中最常用也最有效的策略，有益于被试猜测习语意义。此外，Bulut 和 Celik-Yazici 还发现，语境知识策略是二语学习者在习语加工探究模式中最先使用的策略。他提出假设：二语学习者在不能运用语境策略猜测习语意义时，才会使用其他策略。

2. 语用知识策略

Abdullah 和 Jackson（1998）及 Charteris-Black（2002）在习语加工理解方面的研究表明，二语学习者在习语加工过程中会运用语用知识策略，即利用语

---

① Cooper, T. C. Process if Idioms by L2 Learners of English [J]. *TESOL Quarterly*, 1999 (33): 2.
② Cooper, T. C. Process if Idioms by L2 Learners of English [J]. *TESOL Quarterly*, 1999 (33): 246.

用知识与习语字面意义的重叠来猜测习语比喻义,这也是 Cooper(1999)和 Bulut 及 Celik-Yazici(2004)对语用知识策略的理解。

Cooper(1999)指出,使用语用知识策略时通常会涉及隐喻联想,Abdullah 和 Jackson(1998)进一步证实使用语用知识策略时会产生隐喻联想。以习语 give someone the cold shoulder(冷淡对待某人)为例,因为 cold 是 warm 的反义词,被试推断 cold 可能与 unwelcome 在隐喻上相关。正如 Abdullah 和 Jackson(1998)所说,在加工与母语习语形式不同但意义和功能上相似的二语习语时,二语学习者完全凭借语用知识和隐喻联想。

3. 母语语言知识策略

与上述语境知识策略和语用知识策略不同的是,母语知识策略是否影响二语习语加工还是个有争议的问题(Gass 和 Selinker,1983;Kellerman,1977、1979;Odlin,1989、2005)。也就是说,二语学习者在习语加工过程中运用母语知识既可能有利于理解二语习语,也可能影响二语习语的理解,这种现象被 Cornell(1999)称为"语言间因素"(interlingual factor)。[①] 这一因素既可作为有利于习语理解(即正迁移)的积极因素,也可能成为影响习语理解(即负迁移)的消极因素。母语知识影响二语习语理解的相关研究表明,母语知识对二语习语理解的影响程度取决于母语中是否存在和二语习语语言形式或概念系统类似的对应形式;如果存在对应形式,那么母语习语和二语习语的对应形式在语言形式和概念系统上的相似度和差异度如何,表 2-3-4 是与此相关的一些代表性研究。

表 2-3-4 二语习语加工使用母语知识策略的研究

研究	被试第一语言	描述和方法	主要结果
Irujo (1986)	西班牙语	**描述** 调查高级英语学习者是否使用母语知识理解和输出英语习语 **方法** 测试被试对 15 个和西班牙语习语完全对应的、15 个和西班牙语习语相似的,以及 15 个与西班牙语习语不同的英语习语的识别和输出	被试较容易理解与西班牙语习语一致和相似的英语习语。被试很难理解在西班牙语中没有对应形式的英语习语

---

① Cornell, A. Idioms: An Approach to Identify Major Pitfalls for Learners [J]. IRAL, 1999 (37): 6.

续表

研究	被试第一语言	描述和方法	主要结果
Kellerman (1978, 1979, 1983)	荷兰语	**描述** 发现母语知识与二语比喻表达式之间的关系 **方法** 要求被试把含有荷兰语动词"breken"的句子译成英语	大部分被试认为,在动词用作核心义和原型意义时比动词用作比喻义和次要意义时更容易翻译。 被试能意识到二语表达式的比喻义时较少发生母语迁移
Abdullah 和 Jackson (1998)	叙利亚语	**描述** 调查母语知识对理解和输出二语习语时的影响 **方法** 习语理解和输出测试中使用了 80 个英语习语。其中,20 个在形式和意义上与叙利亚语完全对应,20 个与叙利亚语习语形式相似意义不同,20 个与叙利亚语习语形式不同但意义相同,20 个与叙利亚语习语形式意义都不同	测试中被试在完全对应的习语上得分高得多。 在形式一致但意义不同的习语上得分低得多。 形式意义都对应的习语,在理解测试中的得分比输出测试中的得分高得多

Irujo（1986）的研究表明,二语学习者会运用母语知识加工习语。加工对应和相似习语时,母语正迁移产生;加工有差异习语时,没有产生任何迁移。Abdullah 和 Jackson（1998）与 Irujo 的研究结果相同:只要两种语言的习语在形式和意义上都形同,就会发生母语正迁移。此外,与母语形式相同但意义不同的英语习语容易引起母语的负迁移;两种语言的习语在形式和意义上相同时还有一个出人意料的发现:被试在理解测试中在与母语习语完全对应的英语习语上所得成绩比在输出测试中在相同英语习语上所得成绩好得多。这是因为许多被试担心英语习语中不存在与母语习语完全对应的习语,所以在习语输出测试中不敢把叙利亚语习语逐字译成英语习语。

Kellerman（1978,1979,1983）的研究结果表明,母语知识会影响二语习语的加工理解。也就是说,二语学习者会在习语加工过程中运用母语知识策略,母语的迁移程度取决于学习者意识到的习语意义是字面义（更可能迁移）还是比喻义（不大可能迁移）。

总之,各种相关研究结果表明,二语学习者会运用母语知识策略加工理解二语习语。二语习语和母语习语在语言形式和概念语义相同时会引起母语正迁移。但根据 Liu（2008），与母语习语只在语言形式或只在概念语义上相同的二语习语，其理解难度还存在争议，目前尚未有任何定论。

4. 母语概念知识策略

在二语习语加工过程中运用母语概念知识是促进还是阻碍理解二语习语？要回答这个问题，我们首先要知道什么是概念知识。概念知识指我们概念系统固有的底层知识模式，是习语意义的底层理据。Kövecses（2000）确定了属于我们概念系统的三个认知机制：①隐喻。②转喻。③常识。换言之，大多数习语不只是语言现象，而是我们概念系统的产物，习语意义来源于我们概念系统对世界的普遍认识。当我们概念系统（即隐喻、转喻、常识）中的知识得到激活，习语意义就不再是任意的，而是可以根据概念理据分析进行推导。习语概念理据分析可促进二语学习者理解习语。

很多相关研究从理论和实践上证实，通过我们概念系统固有的概念知识（隐喻、转喻和常识）可以对许多习语进行概念理据分析（Boers 和 Demecheleer，1997、2001；Boers 等，2004b；Kövecses 和 Szabo，1996；Nayak 和 Gibbs，1990）。Gibbs 和助手们通过一系列实验（主要是有声思考实验）证实，概念知识通常在理解比喻性习语的过程中被激活（Gibbs，1990、1992、1995；Gibbs 等，1997；Gibbs 和 O'Brien，1990；Nayak 和 Gibbs，1990）。Nayak 和 Gibbs（1990）根据 6 次实验结果得出的结论也表明，人类对"习语的理解常受到习语所指域概念知识的约束。"[①]。也就是说，概念知识是理解比喻习语的基础。

此外，概念知识有时具有文化特异性，某些作为习语语义理据的概念隐喻和概念转喻与习语语义之间的关系取决于文化特异性。这一观点已得到证实（Boers 和 Demecheleer，1997、2001；Johnson 和 Rosano，1993；Liu，2003）。这种具有文化特异性的概念知识可能会影响二语学习者对二语习语的理解，因为大多数二语学习者都缺乏这种背景知识。表 2-3-5 列举了 3 个运用母语概念知识理解二语习语的相关研究。

[①] Nayak, N. & Gibbs, R. W. Conceptual Knowledge in the Interpretation of Idioms [J]. *Journal of Experimental Psychology*, 1990 (119): 328.

表 2-3-5 3 个运用母语概念知识理解二语习语的相关研究

研究者	研究方法	结果
Boers 和 Demecheleer（2001）	被试为法国大学 ESL 学生。要求被试猜测英语隐喻习语，这些英语习语在法语中没有对等形式，始源域不同	被试猜测其源域在法语中不普遍甚至缺省的英语习语时普遍感到困难
Charteris-Black（2002）	被试为马来西亚高级 ESL 学生。要求被试猜测 40 个英语习语的比喻义，根据概念语义或语言形式与马来习语的相似或差异把这 40 个习语分成 6 个对应类型	被试推测与马来习语在概念和语言形式上都完全相同的英语习语意义时表现最好。被试得分最低的是那些与马来习语概念不同，但语言形式相同的英语习语。被试得分较高的是与马来习语概念相同，但语言形式不同的英语习语
Littlemore（2001）	被试为在英国大学学习的孟加拉国学生，让被试听一段包含 10 个隐喻习语的文摘。要求被试写下他们对 10 个习语的理解，然后解释推测习语意义的过程	被试理解英语习语时常使用自己的母语知识，因此出现一些问题

以上研究结果表明，二语学习者经常运用母语概念知识理解二语习语。

然而，并非在所有二语习语的加工理解过程中都可以运用母语概念知识，有时，运用母语概念知识反而会引起母语知识负迁移。Charteris-Black（2002）的研究结果表明，当二语习语同母语习语的语言形式相同但概念系统不同时可能会发生母语负迁移。因为母语和二语习语相同的语言形式可能会使二语学习者下意识运用母语概念知识，结果可能导致他们错误理解二语习语的意义。在 Charteris-Black 的实证研究中，被试容易理解的是那些与他们的母语习语概念系统相同但语言形式不同的二语习语。这一研究结果进一步表明：母语概念知识的迁移对二语习语理解的影响大于母语语言形式的迁移。对此观点表示认可的有 Littlemore（2001），她认为"文化背景和预期会影响学生对习语（比喻习语）的释义。"① 因此，二语学习者在理解二语习语过程中要谨慎运用母语概念知识。

---

① Littlemore, J. The Use of Metaphor in University Lectures and The Problems That It Causes for Overseas Students [J]. *Teaching in Higher Education*, 2001 (6): 345.

（四）习语教学和学习

很多学者认为，二语学习者很难掌握习语的词列顺序（Moon，1992；Scarcella，1979；Yorio，1980、1989）。许多学者甚至假设（Boers 和 Lindstromberg，2005；Cooper，1998、1999；Cornell，1999；Grant 和 Bauer，2004；Irujo，1986a、1986b、1993；Kövecses 和 Szabo，1996 等）习语是二语学习中最难的课题之一。以下从教学角度和学习角度来探讨习语教学和习语学习中常见的问题。

1. 习语教学问题

从教学角度看，二语习语教学是外语教师要面对的一个难题（Granger，1998；Irujo，1986）。前文提到，几乎所有 ESL/EFL 教科书介绍习语时都只以词汇表的形式列举习语，称为"词汇列举法"，与此方法相关的习语练习以填空形式居多。这种习语教学方法既不能解释习语的复杂性，也不能说明习语和日常语言之间的密切关系，无法让学习者学会如何在语篇中有效运用习语，导致二语学习者认为习语难以掌握和运用，以致回避习语输出。

2. 习语学习问题

二语习语的教学问题反映了习语学习中确实存在很多困难和障碍。Moon（1998）把这些常见障碍分为三类，分别是形式障碍、语用障碍和文体障碍。

（1）形式障碍。习语的句法和语义都很复杂，是语言团体特有的、形式固定的、意义通常不可预测的规约化表达式。学习一个特定习语，如 *kick the bucket* 时，二语学习者必须知道：① *kick the bucket* 在英语中的特性（如：它违反英语的生成规则）。② *kick the bucket* 词汇句法的固定性（如：它不能用于被动语态；kick 不能用 hit 替代）。③ *kick the bucket* 的语义是不可分析的，也就是"无理据"的（*kick the bucket = die*）。

（2）语用障碍。如果学习者不了解习语所在的语篇情景，或不知晓某个习语隐含的特殊评价意义，就会产生语用障碍。以 *pearls of wisdom*（如珠妙语）为例（此习语通常带有讽刺的隐含意义），如果对这个习语隐含的评价意义理解得不够充分，就可能把习语用于不恰当的语篇情景中（如，对一个刚提出有价值建议的人表示欣赏时使用 *pears of wisdom*），从而导致习语语用失误。

（3）文体障碍。如果二语学习者无法区分正式或非正式习语时，可能会遇到文体障碍。

综上所述，Moon（1998）得出结论，二语学习者回避习语输出的原因一是意识到上述潜在的障碍，二是输出习语时经常犯错。

(五) 回避现象

相关研究证实，二语习语输出对学习者二语语言能力的要求比二语习语理解更高，即便是高级英语学习者，也会因为担心使用习语时出现形式、语用、文体方面的错误而宁愿选择放弃使用习语（Abdullah 和 Jackson，1998；Charteris-Black，2001；Irujo，1986、1993；Jordens，1977；Kellerman，1979；Laufer，2000）。

语言输出中的习语回避现象有别于二语习得中的其他回避现象，如二语学习者通常回避使用在母语中缺省或与母语不同的结构，如关系小句等。但在习语输出时，二语学习者却经常回避使用与母语习语语言形式相似，甚至完全对应的二语习语。Jordens（1977）和 Kellerman（1979）的研究发现，二语学习者习惯认为，与母语习语在语言形式和语言意义上完全对应的二语习语可能是不正确的。回避习语输出是二语学习者，甚至高级二语学习者存在的一种普遍现象。这种现象产生的原因是：第一，习语是一种语言特有的现象，因此，二语学习者很自然地认为他们不可能在母语中发现与二语习语在形式和意义上完全对应或相似的习语；第二，习语的多词性和结构固定性使二语学习者很难正确运用习语。所以二语学习者更愿意使用非习语，因为非习语的结构更简单、语义更直接，更重要的是，使用非习语时不容易犯错。

(六) 习语习得能力

二语习语习得能力的提高可促进二语语言能力的全面提高。Liu（2008）对二语习语习得的理论和实践应用情况进行广泛调查后得出结论：不管是母语习语习得还是二语习语习得都要经历两个阶段：①加工理解阶段。②记忆储存阶段。第一阶段是习语的加工理解阶段，需要学习者使用习语加工探究模式和四个主要习语加工策略（语境知识策略、语用知识策略、母语语言知识和母语概念知识策略）。这一阶段，学习者的认知能力和语言能力都起着一定的推动作用，在习语理解过程中作用非常关键，所以，我们可合理推断：提高二语学习者的认知能力和语言能力能促进二语习语的加工理解。第二阶段是习语记忆和储存阶段，机械记忆在这一阶段起着重要作用。

母语习语和二语习语习得能力与普遍认知能力和语言技能密切相关（Cacciari 和 Levorato，1989；Douglas 和 Peel，1979；Levorato，1993；Levorato 和 Cacciari，1992、1999；Nippold 和 Taylor，1995；Prinz，1983；Vosniado 和 Ortony，1983；Winner，1988）。学习者在习语习得过程中需要培养一定的语言技能和认知能力。在习语习得的第一个阶段，学习者必须具备足够的认知能力和语言技能来理解和加工未知晓习语。习语习得所需的认知能力和语言技能已证实与年龄、二语水平和比喻能力绝对相关（Cacciari 和 Levorato，1989；Trosborg，1985；Levorato，1993；Winner，1998）。在习语习得的第二个阶段，即习语储存和输出阶段中，机械记忆起着重要作用。

Abel（2003）把上述事实和二语习得相联系，提出二元加工模式：探究模式和直接记忆提取模式。根据 Abel，要理解和加工未知晓二语习语，二语学习者需要在习语加工探究模式中运用不同的加工理解策略，而这些习语理解策略直接来自二语学习者普遍具有的认知能力和语言技能。在储存和输出已知习语阶段，机械记忆开始发挥作用。

第三章　基于认知和跨语言比较模式的概念理据分析教学法可行性实证研究

　　本章主要介绍概念理据分析教学法应用于二语习语教学的可行性实证研究以及研究问题和研究方法。实证研究由实验一、实验二和实验三3个部分构成，实验以认知语言学与二语教学应用语言学结合的习语认知研究模式为理论基础。提出本研究一方面是测试概念理据分析教学法的有效性和可行性，另一方面是对以往习语教学和研究所遗留的问题进行补充研究。本章详细描述了实验一、二、三的研究设计、实验过程、研究内容、研究材料、研究目的、研究方法和研究假设。

第一节　理论框架

　　运用认知语言学和跨语言比较模式研究比喻性习语能促进英语学习者理解习语的底层意义，建立系统高效的习语教学模式。"理据"是认知语言学研究习语的核心。对习语的理据分析能使英语学习者了解习语语义的可分析性，解决习语理解困难的问题。

　　本研究的理论框架包含三个要素：①认知语言学研究方法。②跨语言比较。③理据。

　1. 认知语言学研究方法

　　从习语的二语习得角度来说，概念隐喻和概念转喻是认知语言学中两个非常重要的概念。概念隐喻指具体始源域到抽象目的域的映射,概念转喻指同一域内两个不同概念之间的映射。概念隐喻和概念转喻可用于分析习语的概念理据,对语义理解和思维定式有很大影响。

2. 跨语言比较

概念隐喻和概念转喻在习语跨语言比较研究中具有重要意义。语言的隐喻系统基于语言底层的概念系统,这说明跨语言比较应用于习语研究是可能的。不同语言概念系统之间的共性和差异说明不同语言中的习语概念系统也存在异同。

3. 理据

习语构成词的字面义在某种程度上和习语的整体比喻义有概念上的相关性。因此,习语比喻义不是任意的,而是有理据的。整合概念隐喻、概念转喻及习语跨语言比较可以建立一个新的二语习语教学模式,以此引导二语学习者通过分析习语理据促进习语理解和记忆。

第二节 习语的认知语言学研究方法概述

我们首先对一些主要的习语认知语言学研究方法进行介绍,如表 3-2-1 所示。

表 3-2-1 主要的习语认知语言学研究方法

作者	认知语言学研究方法	建议
Gibbs (1994)	概念隐喻	培养人们对习语潜在概念隐喻的意识或追溯习语的原始语境可以激发习语底层意象
Lazar (1996, 2003)	概念隐喻	提高隐喻意识有助于比喻性习语的教学和学习
Boer 和 Lindstomberg (2006)	概念隐喻,习语起源	课堂活动中让学生回答习语起源问题,再根据概念隐喻推测习语的比喻义
Littlemore 和 Low (2006)	概念隐喻,习语起源,跨文化比较	教师讲解与习语表达式相关的概念隐喻、习语表达式的字面义、习语表达式所属特有文化引起的特有的习语起源,学生逐步推测习语表达式的意义

除上述研究方法和建议,表 3-2-2 中有的实证研究证实了运用概念隐喻和

或概念转喻学习比喻性语言和二语习语的重要性，有的实证研究调查被试母语和目的语习语在语言形式和概念上的异同会给二语学习者理解习语带来什么影响。

表 3-2-2 习语认知语言学研究方法的实证研究

作者	描述	概念隐喻	概念转喻	跨语言比较
Boers (2006b)	118 个讲荷兰语的中学生； 实验组学习了 18 个基于概念隐喻的短语； 实验组优于控制组	√		
Kövecses 和 Szabo (1996)	30 个匈牙利的英语学习者； 实验组使用概念隐喻方法学习了 20 个英语短语动词； 实验组成绩优于控制组	√		
Li (2002)	约 300 个中国高级英语学习者； 实验组借助概念隐喻学习了习语和谚语； 实验组在所有的测试中成绩明显好于控制组	√		
Skoufaki (2005)	40 个学习英语的希腊学生； 要求被试解释 10 个英语习语并描述过程； 只有很少一部分学生的回答符合概念隐喻 应该明确说明概念隐喻	√		
Deignan, Gabrys 和 Solska (1997)	找出 4 类对应； 143 个波兰的英语学习者； 被试把包含隐喻的 68 个英语句子译为波兰语； 翻译概念隐喻相同的习语表达式时没有困难； 翻译字面意义相似、隐喻意义不同的表达式时有困难	√		英语，波兰语
Kellerman (1978, 1979, 1983)	要求荷兰被试把含有荷兰语动词"breken (break)"的句子译为英语； 两种语言的概念隐喻不同时，被试不太可能在翻译过程中运用母语迁移	√		英语，荷兰语
Irujo (1986a)	西班牙的高级英语学习者； 要求被试认识并理解 45 个英语习语； 被试对与西班牙语在形式和概念上相似或相同的英语习语理解得更好	√		英语，西班牙
Abdullah 和 Jackson (1998)	120 个讲阿拉伯语的叙利亚英语学习者； 测试了被试对 80 个英语习语的理解和输出； 与第一语言习语相同的二语习语最容易理解	√		英语，阿拉伯
Boers 和 Demecheleer (2001)	法国一所大学中英语作为第二语言课程的学生； 要求被试猜测英语中与法语没有对等且其始源域不同的隐喻习语的意思； 被试在推断始源域在法语中不能产生的英语习语的意思时有困难	√		英语，法语

续表

作者	描述	概念隐喻	概念转喻	跨语言比较
Charteris-Black（2002）	识别了6类对应； 选择了40个英语习语和40个马来习语； 有相同概念基础和相同语言形式的习语是最容易的； 概念基础不同、语言形式相似以及概念基础不同、语言形式不同的习语是最难理解的	√		马来语，英语

第三节 以往实证研究的不足

由表3-2-2可知，学者们利用认知语言学的概念隐喻、概念转喻和跨语言比较对习语和比喻性语言的习得进行了实证研究，研究成果在理论和实践上为习语教学研究奠定了坚实的基础，进一步证实了认知语言学结合跨语言比较对于二语习语教学的有效性，但上述研究还存在一些不足之处。

第一，运用认知语言学的概念隐喻和概念转喻来研究二语习语教学和学习是基于以下假设的：概念隐喻和概念转喻在学习者的隐性知识中具有心理实效性，是习语比喻义的理据基础。尽管上述假设已被 Gibbs 等的实验证实，（Gibbs 和 O'brien，1990；Gibbs 等，1997），但 Gibbs 的实验被试是第一语言学习者而不是第二语言学习者。所以，我们有必要从第二语言学习角度进行相似的实验，实验被试应该是第二语言学习者，通过实验可以检测概念隐喻和概念转喻在第二语言学习者隐性知识中是否同样具有心理真实性。

第二，表3-2-2中所列二语习语教学实证研究中的跨语言比较主要是英语与其他非汉语之间的比较，而这些非汉语语言大都和英语一样属于印欧语系，书写形式也较相似，这种背景下的比较研究结果未必同样适用于汉语母语者的英语习语学习。如果把英语和汉语这两种属于不同语系、文化背景也完全不同的语言进行跨语言比较，是否会对上述研究有所补充，从而使认知语言学和跨语言比较结合的习语教学方法更具有普遍适用性呢？这些都是本研究所关注的问题。此外，大量实证研究表明，对比喻性语言和习语进行跨语言的系统比较有益于预测目标习语的对应类型，而不同对应类型的二语习语对学习者来说理解难度也不同,所以需要进一步探究跨语言比较在实践应用中产生的影响,也就是要通过相关实证研究来调查跨语言比较对二语习语教学和学习的促进作用。

第三,上述研究没有对习语的选择依据进行说明。有些研究虽然对习语选择有一些说明,但可以看出研究者只选择适合实验框架的习语,以便使实验取得预期的结果。从二语教学和学习的角度来看,研究的目的应该是促进二语习语教学和学习,所以选择习语时必须谨慎,所选习语应该满足两个条件:①出现频率高,即二语学习者常见的习语。②掌握这些常见习语能提高学习者的二语语言能力,尤其是对比喻习语的理解能力。根据 Kövecses(2001),出现频率高的习语的特征是:其始源域的能产性高于其他习语;其使用频率高于其他习语。

第四节　研究问题

本研究设计主要围绕两个主题:①本研究采用的理论假设是基于认知和跨语言比较模式的概念理据分析教学法可使习语教学和学习更系统、更有效。②本研究希望能对以往二语习语教学和学习研究中遗留的问题进行补充研究。

本研究回答以下6个问题:

(1) 英汉语中有哪些含有人体部位头、手、脸、眼、口、脚、心、背、身、骨(head, hand/hands, face/faces, eye/eyes, mouth, foot/feet, heart, back, body, bone/bones)的习语?

(2) 英汉语中包含上述人体部位的习语的概念机制分别属于隐喻、转喻还是隐转喻互动?

(3) 英汉语人体部位习语在语言形式和概念系统上有何共性和差异?

(4) 英汉语人体部位习语在语言形式和概念系统上的共性和差异在汉语母语的英语学习者隐性知识中具有心理实效性吗?

(5) 在英语习语教学中运用基于认知和跨语言比较模式的概念理据分析教学法比传统习语教学法更有效吗?

(6) 根据英汉语人体部位习语跨语言比较的实证研究结果,汉语母语的英语学习者对英汉5种对应类型习语的理解情况分别如何?

实证研究部分由实验一、实验二和实验三组成。

实验一：选择研究所需要的英汉语人体部位习语并确定其概念机制。

实验二：使用有声思维方法，了解一组英语学习者对一些人体部位习语所产生的心理表象，然后分析这些心理表象的一致性。心理表象的一致性程度可以解释概念知识在第二语言学习者隐性知识中的心理实效性，如概念隐喻和概念转喻的心理实效性。

实验三：两组二语学习者（控制组和实验组）分别接受不同的习语教学和学习方法，控制组的习语教学活动中运用传统习语教学法教学和学习，实验组的习语教学活动中运用概念理据分析教学法教学和学习。本研究采用的理论假设是在习语教学活动中运用概念理据分析教学法教学和学习比运用传统习语教学法更有效，更能促进学习者理解二语习语。因此实验三的预想效果是：实验组在学后测试和再测（一周后）中取得的成绩都会高于控制组。

第五节　研究设计

实证研究由3个部分组成：

实验一：搜集筛选用于实证研究的英汉语人体部位习语，界定所选取习语的概念机制。研究结果回答研究问题（1）（2）（3）。

实验二：使用有声思维方法，了解一组英语学习者对英语人体部位习语所产生的心理表象，分析被试心理表象的一致性。心理表象的一致性程度可以解释第二语言学习者隐性知识中概念理据的心理实效性，如概念隐喻和概念转喻的心理实效性。研究结果回答研究问题（4）。

实验三：测试概念理据分析教学法对英语习语教学的有效性并分析英汉习语之间5种不同对应情况。实验被试为××师范大学英语专业本科二年级学生，来自两个平行班，每班33人，以班为单位随机分为控制组和实验组，在两组习语教学活动中分别运用不同的习语教学方法。根据研究假设：习语教学活动中运用概念理据分析教学法教学和学习的实验组学生在习语测试中的成绩均高于运用传统词汇列举法的控制组学生。实验结果回答研究问题（5）（6）。

具体研究大纲见表 3-5-1。

表 3-5-1 具体研究大纲

研究结构	研究问题	研究目标	研究方法
实验一	(1)(2)(3)	搜集筛选实验使用的英汉语人体部位习语	语料库和词典
		对所选的英汉语人体部位习语进行量化分析	统计分析
		确定所选英汉语人体部位习语的底层概念机制并进行量化分析	
		比较所选英汉语人体部位习语的语言形式和概念系统	跨语言比较
实验二	(4)	通过问答方式了解15个母语为汉语的高级英语学习者对英语人体部位习语产生的心理表象	有声思维
		分析心理表象的一致性并检测认知机制在被试隐性知识中的心理实效性	分析笔录
实验三	(5)(6)	使用传统习语教学法教授控制组	习语教学设计
		使用概念理据分析教学法教授实验组	
		证明概念理据分析教学法对英语习语教学的有效性	SPSS统计分析
		分析解释不同类型习语对英语学习者的难易度	

第六节 实验一

◆ 研究目的：为实验二和实验三的研究奠定基础。

◆ 研究内容：

(1) 筛选10个英汉语人体部位习语。

(2) 对所选英汉语人体部位习语的数量进行统计分析。

(3) 界定所选英汉语人体部位习语的底层概念机制并统计分析。

(4) 比较英汉语人体部位习语在语言形式和概念系统上的异同。

◆ 实验一回答第四节中的研究问题 (1)(2)(3)：

(1) 英汉语中有哪些含有人体部位头、手、脸、眼、口、脚、心、背、身、骨 (head, hand/hands, face/faces, eye/eyes, mouth, foot/feet, heart, back, body, bone/bones) 的习语？

(2) 英汉语中包含上述人体部位的习语的概念机制分别属于隐喻、转喻还是隐转喻互动？

（3）英汉语人体部位习语在语言形式和概念系统上有何共性和差异？

一、统计所选习语的数量

绪论第六节中已详细介绍了本研究选择研究人体部位习语的缘由、人体部位的选择范围以及英汉语人体部位习语的语料来源和依据。在此不再赘述。

确定 10 个英汉语人体部位习语后，我们对英汉语习语中的每个习语按人体部位范畴归类，统计每个人体部位分别在英汉语中构成的习语数并进行比较。

二、界定习语概念机制

我们从认知语言学的角度来界定英汉语人体部位习（成）语表（见附录一和附录二）中的习语分别属于以下哪种概念机制：

（1）概念隐喻。

（2）概念转喻。

（3）概念隐喻和概念转喻互动，简称隐转喻。

英语人体部位习语概念机制的界定主要由研究者本人操作。为保证其有效度，邀请笔者的指导教师对界定结果进行了重新检测，笔者根据指导教师和专家的建议不断修订，最后得出目前的结果。对汉语习语概念机制的界定过程与上述过程相似，不同的是被邀检测界定结果的是两位语言学教师，他们的母语都是汉语。

下面以几个人体部位习语为例来说明如何界定习语的概念机制：

（1）*Bury your head in the sand*（MR）。

上述习语的底层概念机制是"概念隐喻"，用"MR"来表示，比喻义是"拒绝接受真相"。习语比喻义的理据源于概念隐喻的始源域 *bury the head in the sand*（把头埋在沙子里，延伸出概念"无法知道任何事"）映射到目标域 *refusing to accept the truth*（拒绝接受真相）。

（2）*Not right in the head*（MY）。

Not right in the head 指某人"古怪、愚蠢或糊涂"。习语的底层概念机制

是"概念转喻"。Head 在此指代"思维",因为思维是人体部位"头"最典型的功能特征。Head 的概念转喻是 head for thinking ("头"指代"思维"),所以,如果说一个人 not right in the head,意为"他/她思维不正常"。

(3) Egg on his/her face (MM)。

Egg on his/her face 比喻义为"某人感觉尴尬或者丢脸",底层概念机制是隐转喻,用 MM 表示。人体部位 face 通过转喻"face for reputation"("脸"指代"名声")指代"人的名声"。"名声"在人心理中产生的意象往往会下意识地同人体部位"脸"联系在一起。此习语的另一个底层机制是概念隐喻。众所周知,人感到羞辱时不一定脸上真的有鸡蛋,此习语的隐喻义是始源域"having egg on your face(脸上有鸡蛋)"映射到目的域"feeling shame(感觉羞耻)"的结果。因此,"feeling shame is having egg on your face(感觉羞耻是脸上有鸡蛋)"是此习语的隐喻理据。综上所述,可以确定 egg on his/her face 的比喻义来源于转喻和隐喻的互动。

三、英汉语人体部位习语跨语言比较

确定好研究所需的英汉语人体部位习语(见附录一和附录二的英汉语人体部位习(成)语表)并界定好每个习语的概念机制之后,我们来比较英语人体部位习语表(附录二)和汉语人体部位习(成)语表(附录一)中的英汉语习语在表层语言形式和底层概念机制上的相似和差异,这种类型学比较是构建英汉语人体部位习语跨语言比较模式的基础。在实验三中,英汉语人体部位习语跨语言比较模式是概念理据分析教学法中的重要组成部分。

第七节 实验二

实验二回答第四节中的研究问题(4):英汉语人体部位习语在语言形式和概念系统上的共性和差异在母语为汉语的英语学习者隐性知识中具有心理实效性吗?

实验二沿用 Gibbs 等(1990,1997)所做的有声思维实验方法,采用了 Gibbs 的两个研究假设:

◆ 比喻习语的语义基于底层的概念机制，这些概念机制存在于说话者的隐性知识中。

◆ 如果底层概念机制在说话者的隐性知识中形成了比喻性习语的语义，说话者对特定习语的心理表象应该是高度一致的。

实验二与 Gibbs 等的实验有所不同，实验二的被试是母语为汉语的高级英语学习者，英语是第二语言，因此实验在设计上有所改动。而且，本实验在具体设计上尽管参照了 Gibbs 的实验设计，但规模很小，主要是对 Gibbs 等实验结果的补充研究，即调查 Gibbs 等的研究结果是否也适用于第二语言学习者。实验目的不是解释二语学习中如何构建习语的心理表象，而是通过调查二语学习者对习语产生的心理表象来了解可能构成习语意义理据的概念知识，并假设这些概念知识在二语学习者的隐性知识中具有心理真实性，可促进习语学习和教学。

一、被试

15 个参加有声思维实验（Think-aloud）的被试都来自大学本科英语专业，在参加实验期间在大学本科二年级学习，母语为汉语，都没有学习过认知语言学的相关课程，对概念隐喻和概念转喻与习语理据的关系没有任何显性知识。

二、研究材料和研究设计

有声思维实验分为两部分，两部分的研究材料和研究设计也有所不同。

（一）第一部分的研究材料和研究设计

第一部分的研究材料是 20 个英语句子，每句包含一个英语习语，习语部分没有注明。20 个句子分别写在 20 张纸条上，例如：

The boss runs a very tight ship and everybody is expected to work very hard.

20 个句子中包含的英语习语分为 3 类：

第一类：真正的人体部位习语即真习语（10 个）。

第二类：杜撰的人体部位习语即假习语（5 个）。

第三类：非人体部位习语（5个）。

以上三类习语都是根据研究目的选择或杜撰的习语。第一类习语可用于探究被试对习语产生的心理表象的一致性程度；第二类习语可用于探究被试对习语产生的心理表象的不一致性程度，因为这5个习语是研究者仿照5个真人体部位习语杜撰的根本不存在的人体部位习语。第三类习语是干扰项，目的是使被试尽可能意识不到测试习语和人体部位有关。

为保证实验的有效性，我们先对10个真习语和5个非人体部位习语进行了习语熟悉度测试，20个测试对象都是来自××师范大学英语专业的硕士研究生，测试结果表明，他们基本不熟悉这15个习语。因此可以假设：实验二的被试（本科低年级学生），也不熟悉这15个习语。

表3-7-1中是实验二使用的20个测试习语。10个真习语来自英语人体部位习语表，5个假习语由研究人杜撰，5个非人体部位习语来自《牛津英语习语词典（2005）》。

表3-7-1 有声思维实验中使用的20个英语习语

10个真习语	5个假习语	5个非人体部位习语
Feet on the ground		Run a tight ship
Have a heart of stone		Push the envelope
Have eyes in the back of your head		Keep the ball rolling
Open your big mouth	Open your big eyes	Carry a torch for sb.
Somebody is soft in the head	Soft in the face	Lie at sb's door
Shoot your mouth off	Shoot your fingers	
Get your feet wet	Get your nose wet	
A long face		
With one hand tied behind your back	With one arm folded on your back	
Have a foot in two camps		

（二）第二部分的研究材料和研究设计

研究材料：第二部分使用的15个句子中包括10个真习语和5个假习语，15个习语还是分别写在15个纸条上。但在第二部分中，我们用黑体注明句子中的 15 个人体部位习语，并用英语解释所有习语的比喻义，例如：

句子：Don't look down upon her! She can run the restaurant **with one hand tied behind her back**.

习语比喻义：If you say that you can do something **with one hand tied behind your back**, you are emphasizing that you can do it very easily.

句子：Charles thinks it's time for me to **get my nose wet** by helping the department to solve crimes.

习语比喻义：If you **get my nose wet**, you get involved in something or experience something for the first time.

三、实验过程

有声思维实验分为第一部分和第二部分。实验过程中，被试轮流面对面接受研究者测试，实验地点是研究者的办公室，整个实验过程时间大约为一个小时。研究者记录实验报告，以便随后根据实验目的进行分析。

（一）有声思维实验第一部分

参加实验的被试事先不知道实验原理，也不知道要读的句子中包含英语习语。研究者给被试依次展示 20 张纸条上的英语句子，要求被试拿到后大声朗读句子并口头把句子逐词译为汉语。实验过程中提醒被试尽量用自然的方式表述。研究者给每个被试依次展示 20 个句子并要求被试把 20 个句子口译为汉语。

实验第一部分的研究目的：①研究被试口译英语句子时是否能意识到句子中包含英语习语。②如果被试能意识到句子中包含英语习语，那他们又是如何把这些习语口译成汉语的。

（二）有声思维实验第二部分

实验第二部分不再使用 5 个非人体部位习语，仅使用 10 个真习语和 5 个假习语。包含这 15 个习语的英语句子还是分别写在 15 个纸条上，要求所有被试拿到纸条后先大声朗读一遍句子和习语的比喻义,然后把句子逐词口译成汉语。实验过程中提醒被试尽量自然表述句子的汉语意思。口译结束后,要求被试就 15 个习语中的每个习语来回答 3 个问题。提问顺序和展示习语的顺序相同。每个被试看完每个习语后要回答 3 个问题,一直到 15 个习语展示结束。下一个被试继续重复同一个过程。为方便后面的讨论,我们以习语 *feet on the ground* 为例来描述被试要回答的 3 个问题:

(1) 你能描述一下看到习语 *feet on the ground* 时大脑中所产生的图象吗?

(2) 习语 *feet on the ground* 中的人体部位 *feet* 和习语的整体意义有什么关系?

(3) 你能想到使用 *feet on the ground* 概念的汉语表达式吗?

以上 3 个问题的调查目的各不相同。问题(1)是了解被试就某一习语产生的心理表象。问题(2)是探究被试对人体部位与概念转喻的关系有何了解。本研究对被试隐性知识中存在的概念转喻尤为关注,这也是设计问题(2)的原因。问题(3)是了解被试知道哪些与英语习语始源域和目标域相同的汉语表达式。

第八节 实验三

实验三将回答第四节中的研究问题(5)(6),即:

在英语习语教学中运用基于认知和跨语言比较模式的概念理据分析教学法比传统习语教学法更有效吗?

根据英汉语人体部位习语跨语言比较的实证研究结果,母语为汉语的英语学习者对英汉 5 种对应类型习语的理解情况分别如何?

一、研究内容

1. 研究目的

通过实验检测实证研究提出的理论假设,即二语习语教学中应用认知语言学研究方法是可行和有效的;二语习语教学中运用概念理据分析教学法能使习语教学更加系统和高效。

2. 研究内容

测试概念理据分析教学法对英语习语教学的有效性。被试为××师范大学英语专业本科二年级学生，来自两个平行班，每班 33 人，以班为单位随机分为控制组和实验组，分别接受不同的习语教学方法。根据研究假设：习语教学活动中运用概念理据分析教学法教学和学习的实验组在全部习语测试中的成绩都优于运用传统习语教学法教学和学习的控制组。此外，实验三还探讨英汉语人体部位习语的跨语言比较模式以及比较模式中英汉语习语的 5 种对应类型及二语学习者对每种类型习语的理解情况。

3. 研究问题

（1）与传统习语教学法相比，概念理据分析教学法对习语教学和学习是否更有效呢？

（2）概念理据分析教学法比传统的习语教学法更促进二语学习者理解人体习语的比喻义，从而更有助于学习者预测未教授人体部位习语中的人体部位词和人体部位习语的整体比喻义吗？

（3）运用概念理据分析教学法学习习语的二语学习者对习语教学给出的反馈与运用传统习语教学法学习习语的学习者给出的反馈有差异吗？

4. 研究假设

基于上述 3 个问题，我们提出 3 个零假设：

零假设（1）：传统习语教学法比概念理据分析教学法更促进二语习语教学及学习。

零假设（2）：传统习语教学法比概念理据分析教学法更有助于二语学习者预测未教授人体部位习语中的人体部位词和人体部位习语的比喻义。

零假设（3）：外语教师和外语教材出版方不该认为概念理据分析教学法比传统习语教学法对习语学习和教学更有促进作用。

二、研究材料

（一）前测试卷（两组前测试卷相同，见附录三）

用于前测试卷中的 25 个英语习语均来自英语人体部位习语表，见表 3-8-1。

表 3-8-1　前测试卷中的 25 个英语人体部位习语

head	Fall head over heels
	Somebody is soft in the head
	Have eyes in the back of head
hand /hands	With one hand tied behind your back
	All hands on deck
	Have the upper hand over somebody
	Get your hands on something
	With your bare hands
eye/eyes	Cast an eye on something
	Can't take your eyes off someone
	Keep your eyes peeled
heart	Your heart bleeds for someone
	Your heart hardens
	Have a heart of stone
	Open your heart
	Heart and soul
foot / feet	Feet on the ground
	Get your feet wet
	Bound hand and foot
	Have a foot in both camps
face	A slap in the face
	A long face
mouth	Born with a silver spoon in your mouth
	Shoot your mouth off
	A plum in your mouth

选择上述 25 个人体部位习语的原因是：

（1）调查表明，母语为汉语的高级英语学习者普遍不熟悉这些英语习语。

（2）这些英语习语与汉语人体部位成语表中的习语在语言形式和概念语义上具有可比性，便于在实验组习语教学活动中运用英汉习语跨语言比较模式。

（3）这些英语习语的底层概念机制都是隐转喻互动。

（4）这些英语习语出现频率较高，是《柯林斯习语词典》中的重点习语，习语教学中应该优先选择这类习语。

前测试卷中选用了 25 个英语句子，源于《柯林斯习语词典》和《牛津习语词典》，此处稍有改动，每个句子中各包含一个人体部位习语。测试时去掉习语中的人体部位词语和语法类词语，只保留没有提示线索的构成词。要求被试根据说明和示例用恰当的人体部位词和其他语法词填空，同时保证习语和句子意义完整，最后在句子下方横线上写下习语意义。如：

句子：Anne looked so beautiful that no one could **take** _____ **from her**.

习语义：Meaning _____.

（二）教学活动材料（两组被试教学活动中使用的习语材料不同，见附录四和附录五）

教学活动材料是根据两组被试接受的不同习语教学方法而设计的，两组接受的习语教学方法不同，使用的习语材料内容也不同。两组习语教学材料中使用的 25 个人体部位习语和前测试卷中的 25 个人体部位习语相同，但控制组和实验组使用的习语材料中习语展示方法不同。控制组接受的是传统词汇列举法，所以习语展示方式如下：

Eye/eyes（眼/目）
Cast an eye on something（粗略地看一下）
If you cast an eye on something, you examine it carefully and give your opinion about it.
Not take your eyes off sb. /sth.（目不转睛地看）
If you can't take your eyes off someone or something, you find it hard to look at anything else.

可以看出，以上含有人体部位词 *eye/eyes* 的习语有序地排列在 *eye/eyes* 词项的下方，人体部位习语用黑体表示，习语下方列出习语比喻义。这种展示习语的方法就是传统词汇列举法，目前广泛应用于 ESL/EFL（英语作为第二语言/英语作为外语教学）的各种系列教材中。

实验组使用的习语教学活动材料中，25个人体部位习语的比喻义、概念隐喻和概念转喻都在习语下方列出，而且，习语教学活动材料中的25个人体部位习语是按照英汉语习语的语言形式和概念系统之间的5种对应类型来排列的。展示方式如下：

对应类型1				
类型	语言形式	比喻义	概念转喻	概念隐喻
1	相同	相同	相同	相同

Feet on the ground（脚踏实地）

If someone keeps their feet on the ground, they continue to act in a sensible and practical way even when new and exciting things are happening or even when they become successful or powerful.

MY：Feet for Person

MR：Being Practical and Sensible Is Being on the Ground

对应类型2				
类型	语言形式	比喻义	概念转喻	概念隐喻
2	相似（仅人体部位词相同）	相同	相同	不同

Have eyes in the back of your head（眼观六路）

If you have eyes in the back of your head, you seem to be able to see everything and know what is going on.

MY：Eyes for Eyesight

MR：Being Able to See Everything and Know What Is Going on Is Having Eyes in the Back of Your Head

（三）后测试卷（两组后测试卷相同，见附录七）

控制组和实验组的后测试卷相同。后测试卷的测试内容有一部分与前测试卷不同。后测试卷在原有 25 个人体部位习语的基础上增加了 10 个人体部位习语，共 35 个。两组习语教学活动中都没有讲解过后测中新增加的 10 个人体部位习语。后测中新增 10 个习语的目的是考查被试在习语教学活动后的策略迁移和学后效果。

（四）问卷调查（两组调查问卷相同，见附录九）

调查问卷要求被试对习语教学方法以及课程操作提出反馈意见，以了解被试对实验中不同习语教学方法的感受和看法。问卷包括 6 项内容，要求被试根据自己的看法评分。数字 1~6 代表不同程度的分值。

（五）再测试卷（一周后）（两组再测试卷相同，见附录八）

再测试卷与后测试卷的测试内容相同。

（六）英语人体部位习语（5 种对应类型）测试卷（见附录十）

实验组被试教学活动所用习语材料中列举了英汉语人体部位习语之间的 5 种对应类型，控制组被试的教学活动材料中没有这项内容，所以这一测试只在实验组进行。测试内容为 20 个包含人体部位习语的英语句子，分别属于 5 种对应类型，每 4 个习语是一个类型。这 20 个人体部位习语和前测、后测以及再测（一周后）中测试过的 35 个人体部位习语不同。

三、研究方法

（一）被试

实验被试来自××师范大学，参加实验时是英语专业二年级本科学生，已经接受过至少 10 年的英语教育，英语水平为中级。实验所选择的 2 个班一共 66 名学生。所选班级从同级的平行班中随机选择，其中一个班为控制组，33 名被试；另一个班为实验组，也是 33 名被试，即控制组（$N=33$）和实验组（$N=33$）。实验分组见表 3-8-2。

表 3-8-2　实验分组

组别	性质	被试人数	英语习语教学方法
1	控制组	33	传统习语教学法
2	实验组	33	基于认知和跨语言比较模式的概念理据分析教学法

(二) 实验过程

表 3-8-3 概括了控制组和实验组的实验过程。

表 3-8-3　控制组和实验组的实验过程

步骤	控制组	实验组
1 (25 分钟)	前测	前测
2 (45 分钟)	英语习语教学活动（方法：传统习语教学法）	习语教学活动（方法：概念理据分析教学法）
3 (15 分钟)	复习	复习
4 (35 分钟)	后测	后测
5 (10 分钟)	问卷调查	问卷调查
6 (25 分钟)	再测（一周后）	
7 (20 分钟)	5 种对应类型的英语人体部位习语测试	

第 1 步：前测，大约 25 分钟。

第 2 步：英语习语教学活动，大约 45 分钟。研究者在控制组进行教学活动时，解释每个英语人体部位习语的意义，较难的习语比喻义可用汉语译出。在实验组进行教学活动时，通过 PPT 给被试详细讲解概念隐喻和概念转喻概念以及英汉语人体部位习语的跨语言比较模式，然后让被试详细阅读教学活动材料。

第 3 步：复习，大约 15 分钟。两组被试复习习语教学活动中的学习内容。

第 4 步：后测，大约 35 分钟。习语教学活动结束后即刻实施后测，后测时不允许被试参阅任何相关资料，以确保测试成绩的真实性。

第 5 步：问卷调查，大约 10 分钟。学后测试结束后进行，要求学生独立认真完成。

第 6 步：再测（一周后），大约 25 分钟。一周后进行再次测试，再测时被试不允许参阅相关资料和词典。

第 7 步：5 种对应类型的英语人体部位习语测试。前文提到，英汉语人体部位习语之间存在 5 种对应类型，为建立英汉语人体部位习语跨语言比较模式并将其应用于习语教学，有必要对 5 种对应类型的英语习语的难易度进行测试。测试在再测（一周后）结束后即刻进行，实验组的 33 名被试参与了测试（测试试卷见附录十），测试形式与前测、后测和再测（一周后）一样。测试时间为 20 分钟。

所有测试试卷在实验结束后立刻收齐并根据以下评分标准打分。实验所收回的试卷均由研究者本人评阅。

以测试使用的 25 个人体部位习语为例，每个习语分值为 5 分，一共合计 125 分。5 分中，3 分分配给习语本身，2 分分配给习语语义。评分方案和分值分配说明如表 3-8-4 所示。

表 3-8-4 评分方案和分值分配说明

习语本身（3 分）		
人体部位	2 分	说明
	2	完全正确
	1	正确但没有复数标志
	0	错误/空白
其他语法词	1 分	说明
	1	完全正确
	0.5	一个错误
	0	两个或两个以上错误
习语语义（2 分）		
2 分		说明
2		正确、措辞准确
1.5		正确、措辞相近
1		清楚
0.5		勉强理解
0		错误/空白

后测中新增 10 个习语的总分值为 50 分，评分标准与其他 25 个习语的标

准基本相同。不同之处是，只完成填空而没有写出习语意义和句子意义也依旧得分。这是因为新增 10 个习语的目的就是要考查被试能否利用习语教学活动中所学知识猜测未教授习语中包含的人体部位词和习语语义。

第四章　结果和讨论

本章首先描述了实验一、实验二和实验三的研究结果,这些研究结果回答了本研究提出的 6 个研究问题;然后使用 SPSS（版本 21.0）对控制组和实验组的测试成绩进行定量数据分析并对数据统计结果进行文字性描述和分析;最后得出具体的研究结论,检验了研究假设,证实了概念理据分析教学法在习语教学和学习中的有效性和可行性。

第一节　实验一结果

研究一中,我们分别从英语习语和汉语成语权威词典中选取了包含 10 个常见人体部位的英汉常用习语,对这些习语数量和习语的概念机制进行了统计和量化分析。统计和量化分析的结果可以回答第三章第四节的研究问题（1）（2）（3）。

研究问题（1）英汉语中有哪些含有人体部位头、手、脸、眼、口、脚、心、背、身、骨（head, hand/hands, face/faces, eye/eyes, mouth, foot/feet, heart, back, body, bone/bones）的习语?

研究问题（2）英汉语中上述人体部位的习语的概念机制分别属于隐喻、转喻还是隐转喻互动?

研究问题（3）英汉语人体部位习语在语言形式和概念系统上有何共性和差异?

一、研究问题（1）的结果

（一）10 个人体部位的英汉习语

我们从英语习语词典和汉语成语词典中一共选取 10 个人体部位习语的英语人体部位习语 393 个，汉语人体部位习语 773 个，分别表示英语和汉语中包含 10 个人体部位的习语分类数相加总数。以习语 bound hand and foot 为例，此习语包含两个人体部位"hand"和"foot"，所以既属于 hand 部位习语，又属于 foot 部位习语，在 10 个人体部位习语分类数相加总数中算是两个习语，但就习语的整体数量来说，只能算一个习语。另外，汉语成语中每个有变体形式的成语和它的变体形式在习语分类数相加总数中算一个成语，如"莫措手足；手足无措；手足失措；手脚无措"以及"背井离乡；离乡背井"都只分别算作一个成语。本书为方便起见，393 个英语人体部位习语和 773 个汉语人体部位习语分别指英汉语人体部位习语分类数相加总数，如表 4-1-1 所示。

表 4-1-1 英汉语各人体部位习语分类数相加总数

人体部位习语	英语	汉语
数量	393	773

我们把选取的 393 个英语人体部位习语和 773 个汉语人体部位习语全部录入自建语料库：英语人体部位习语表和汉语人体部位习（成）语表（附录一和附录二）。英语人体部位习语表中的习语按所包含人体部位的顺序排列。包含两个人体部位的同一习语归入两个不同人体部位范畴，在人体部位习语表中算两个习语。汉语人体部位习（成）语表中的习语也按照习语所包含的人体部位顺序来排列，每个习语后面列出习语比喻义。包含两个人体部位的汉语习语分别归入两个人体部位范畴中，在习语表中算两个习语，计入人体部位习语分类相加总数，有不同变体形式的汉语习语在习语表中算作一个习语。

（二）英汉语各个人体部位习语分类数比较

此外，我们还对选取的英汉语各个人体部位习语的分类数进行了比较，具体情况见表 4-1-2。

表 4-1-2 汉英语各人体部位习语分类数比较

人体部位	在英汉人体习语总数中所占百分比	
	英语	汉语
body 身/体/躯	5（1.3%）	57（7.4%）
bone/bones 骨	14（3.6%）	26（3.4%）
eye/eyes 眼/目	62（15.8%）	116（15%）
face/faces 脸/面	36（9.2%）	56（7.2%）
foot/feet 脚/足	37（9.4%）	47（6.1%）
hand/hands 手	82（20.9%）	70（9.1%）
head 头/首	56（14.2%）	89（11.5%）
back 背	44（11.2%）	21（2.7%）
heart 心	34（8.7%）	213（27.6%）
mouth 嘴/口	23（5.8%）	78（10.1%）
总计	393	773

表 4-1-2 中的数据表明：

（1）英汉语中构成习语最多的人体部位不同。英语中，人体部位 *hand/hands*（手）构成的习语最多（占总数的 20.9%），其次是 *eye/eyes*（眼），居第二位（占总数的 15.8%）。但在汉语中，人体部位"手"构成的习语数量仅排名第五（占总数的 9.1%）。汉语中构成习语最多的人体部位是"心"（占总数的 27.6%）。而英语中，含有 heart（心）的习语数量仅排在第七（占总数的 8.7%）。英语 *heart*（心）构成的习语数量（占总数的 8.7%）与汉语中"心"构成的习语数量（占总数的 27.6%）差别很大，所占各自习语总数的百分比也有很大差异。

（2）英语 *hand/hands*（手）构成的习语数量和汉语中"手"构成的习语数量之间差异显著。*hand/hands*（手）构成的习语数量在 10 个人体部位英语习语中排在第一位，而汉语"手"构成习语的数量在 10 个人体部位汉语习语中排在第五位。

英汉语中有一些人体部位习语的数量占各自人体习语总数的百分比非常相似。比如，*bone/bones*（骨）构成的习语数量占 10 个人体部位英语习语总数的

3.6%，汉语中"骨"构成的成语占 10 个人体部位汉语习语总数的 3.4%。此外，"脚"（6.1%）和 *foot/feet*（9.4%）、"脸"（7.2%）和 *face/faces*（9.2%）、"眼"（15%）和 *eye/eyes*（15.8%）构成习语的数量分别在 10 个人体部位汉英语习语总数中所占的百分比都较为接近。

二、研究问题（2）的结果

根据 Deigan（2005），习语的底层概念机制是从纯转喻到纯隐喻的一个渐变过程，过程的中间部分是隐喻和转喻互动（如：隐喻内包含转喻、转喻内包含隐喻，统称为隐转喻）。如表 4-1-3 所示。

表 4-1-3　汉英语人体部位习语概念机制量化分析

人体部位习语	概念转喻	概念隐喻	隐转喻
英语（393）	20（5.1%）	54（13.7%）	319（81.2%）
汉语（773）	38（4.9%）	102（13.2%）	633（81.9%）

10 个人体部位的汉英习语中以隐转喻互动为概念机制的人体部位习语最多，所占百分比最大（汉语：81.9%；英语：81.2%）；以纯隐喻为底层概念机制的人体部位习语数量次之（汉语：13.2%；英语：13.7%）；以纯转喻为底层概念机制的人体部位习语数量最少，所占百分比最小（汉语：4.9%；英语：5.1%）。英汉语各人体部位习语概念机制统计如表 4-1-4 所示。

表 4-1-4　英汉语各人体部位习语概念机制统计

人体部位	概念转喻		概念隐喻		隐转喻	
	英语	汉语	英语	汉语	英语	汉语
身	2	18	1	12	2	27
骨	3	1	8	5	3	20
头	2	6	6	30	48	53
面	4	1	4	5	28	50
眼	2	2	8	16	52	98
口	0	4	2	10	21	64
手	4	1	6	5	72	64
脚	1	2	9	12	27	33
背	1	2	9	4	34	15
心	1	1	1	3	32	209

表4-1-4中的数据表明,在每个英汉语人体部位构成的习语中,以隐转喻互动为底层概念机制的习语数量最多。

为方便后面的讨论,我们把界定习语概念机制的过程描述如下。

(一)界定概念转喻习语

英汉语人体部位习语中属于纯转喻概念机制的习语很少。Deigan 和 Potter (2002)所编写的英语非本义词汇索引中的数据表明,属于概念转喻的词汇很少。我们以英语人体部位习语表中的习语为例来说明如何界定概念转喻习语。

例(1) before your **eyes**

例(2) to someone's **face**

例(3) not right in the **head**

上述3个习语的底层概念机制都是概念转喻。例(1)中的"eyes"转喻为眼睛的基本功能"视力",源于概念转喻 eyes for sight("眼睛"指代"视力"),介词 before 在习语中的意义为字面义"在……之前"。例(2) to someone's face,比喻义为"当着某人的面做某事",源于概念转喻 face for presence("脸"指代"在场")。例(3)比喻义为某人"古怪、愚蠢或糊涂"。Head 在习语中的意义源于概念转喻 head for thinking("头"指代"思维")。

汉语人体部位习语中属于概念转喻的也很少。我们以汉语人体部位习语表中的习语为例说明如何界定汉语转喻习语。

例(4) 引人注目

例(5) 人多手杂

例(6) 孑然一身

例(4)的习语义为"吸引人们的注意"。"目(眼睛)"的比喻义在习语中是"视线",源于概念转喻"眼睛指代视力、视线",成语中的其他构成词在成语中都是字面义。例(5)比喻义为"人多而杂乱"。"手"在习语中的意义"人"源于概念转喻"手指代人",其他构成词在成语中都是字面义。例

(6) 比喻义为"孤身一人"。"身"在习语中的意义是"整个人",源于概念转喻"身指代人",成语中其他构成词都是字面义。

(二) 界定概念隐喻习语

英汉语人体部位习语中有一部分习语属于纯隐喻习语,如:

例 (1) there's more to something that meets the *eye*

例 (2) keep your *eyes* open/peeled/skinned

例(1)的习语义为"某人(或物)比表面上看到的要复杂(或有趣等)"。习语比喻义源于隐喻 *something appearing to be something is something meeting the eye*(某事表面上的样子就是眼睛看到的样子)。例(2)的习语义为"密切注意;保持警惕"。习语比喻义源于隐喻 *being cautious is keeping eyes open*(警惕就是眼睛一直睁开)。

汉语中也有很多人体部位成语属于隐喻概念机制,以汉语人体部位成语表的成语为例。

例 (3) 手头不便

例 (4) 万箭穿心

例(3)成语意为"手边缺钱"。"手头"通过概念隐喻引申为时间上的"近",即"眼下","即将到来"。成语的前半部分"手头"意为"手边",后半部分"不便"意为"缺钱"。"手头不便"整体比喻义源于概念隐喻"手边缺钱就是手头不便"。例(4)中,万箭穿心意为"内心万分痛苦"。习语比喻义源于概念隐喻"内心万分痛苦就是万箭穿心"。

(三) 界定隐转喻习语

英汉语人体部位习语中以隐转喻互动为底层概念机制的习语数量甚至超过了以隐喻和转喻为底层概念机制的习语数量之和。现有数据表明,英汉语中大多数人体部位习语的底层概念机制都是隐转喻互动。

为什么英汉语中的人体部位习语大多基于隐转喻互动机制呢，原因是汉英语人体部位习语中包含的大多数人体词可以指代另一个实体，即转喻。但人体习语中的其他构成词却基本都是隐喻用法。Charteris-Black（2003）对英语和马来语进行了跨语言比较研究，他指出：英语和马来语中有很多比喻短语都以动词开头，但动词表示的动作未必会真实发生。他以两个都包含 tongue 的英语比喻短语为例来说明这一点（Charteris-Black，2003）[①]：

例（1）hold one's **tongue**
例（2）bite one's **tongue**

上例（1）和（2）中 tongue 的意义都源于转喻 tongue for the speech faculty（"舌头"指代"言语功能"）。上述两个短语的比喻义都是"不讲话"，动词 hold 和 bite 表示的动作一般不会真实发生。根据 Charteris-Black（2003），上述比喻性短语中，底层概念机制从转喻向隐喻迁移，是"转喻内包含隐喻"的典型例子（Goossen，1995）。我们以英汉语中人体部位习语为例来说明如何界定隐转喻习语。

例（3）fall into someone's **hands**
例（4）get your **feet** wet

例（3）fall into someone's hands 意为"（某物或某人）落在某人手里，受到某人控制"。因为我们常使用自己的手控制人或事物，所以人体部位 hands 通常指代"control（控制）"，源于转喻 hands for control（"手"指代"控制"）。习语中的动词 fall 通过隐喻 being caught is falling into something（被抓住就是落入某物）映射到 being caught。因此，fall into someone's hands 的整体比喻义源于转喻和隐喻互动。上述这种理据分析过程有益于习语的理解记忆。

例（4）get your feet wet 的习语义为"第一次做某事"，底层隐喻机制为

[①] Charteris-Black, J. Speaking with Forked Tongue: A Comparative Study of Metaphor and Metonymy in English and Malay Phraseology [J]. *Metaphor and Symbol*, 2003, 75 (4): 296.

starting on something new is entering the water（第一次做某事就是入水）。人体部位 feet 指代"person（人）"，源于转喻 feet for person（"脚"指代"人"）。因此，习语 get your feet wet 的比喻义源于隐喻转喻互动。

汉语人体部位成语中也有大量以隐转喻为底层概念机制的习语。例如：

例（5）口若悬河

例（6）引火烧身

例（5）的比喻义为"讲起话来像瀑布滔滔不绝，形容能言善辩，也比喻健谈"。人们讲话时使用"口"，因此，"口"常指代"言语功能；讲话"，源于转喻"口指代言语功能"。"口若悬河"意为讲起话来像瀑布滔滔不绝，属于隐喻用法。所以，"口若悬河"的比喻义源于隐转喻互动。例（6）的比喻义为"主动向群众揭露自己的缺点错误，争取批评帮助"。"身"指代"人；自己"，源于转喻"身指代人"。"引火烧身"的字面义是引火烧自己，属于隐喻用法，比喻义源于隐喻"引火烧身就是让别人揭露自己"。所以，"引火烧身"的底层概念机制是隐转喻。

三、研究问题（3）的结果

跨语言比较模式的构建

对英汉语人体部位习语进行比较的目的是：①分析并解释英汉语人体部位习语语言形式和概念语义上的相似和差异。②在二语习语教学学习中应用跨语言比较模式。

根据英汉语人体习语在语言形式和概念上的相似和差异，参考 Charteris-Black 和 Deignan 等的比较模式，我们把英汉语人体部位习语的对应情况分为 5 种类型，见表 4-1-5：

表 4-1-5 英汉语人体部位习语的 5 种对应类型

类型	语言形式	比喻义	概念转喻	概念隐喻
1	相同	相同	相同	相同

续表

类型	语言形式	比喻义	概念转喻	概念隐喻
2	相似（仅人体词相同）	相同	相同	不同
3	相同	不同	相同	不同
4	相似（仅人体词相同）	不同	相同	不同
5	不同	相同	不同	不同

表4-1-5中，英汉语人体部位习语之间5种对应类型的划分依据是：①语言形式是否对应。②基于概念转喻和概念隐喻的习语比喻义是否对应。换言之，确定英汉人体习语之间的对应情况要根据4个参数：

（1）语言形式（相同、相似或不同）。

（2）比喻义（相同或不同）。

（3）概念转喻（相同或不同）。

（4）概念隐喻（相同或不同）。

表4-1-5中的英汉语人体部位习语对应类型2是指语言形式相似而不是相同，也就是说英汉语人体习语之间除了人体部位词相同外，其他成分完全不同，所以是语言形式相似。在人体部位习语中，除人体部位词以外，其他构成词通常与隐喻相关，所以语言形式相似的英汉语人体部位习语往往概念隐喻不同。下面（表4-1-6）以英汉语人体部位习语表中的习语为例来重点讨论表4-1-5中英汉语人体部位习语的5种对应类型。

表4-1-6 对应类型1

类型	语言形式	比喻义	概念转喻	概念隐喻
1	相同	相同	相同	相同

对应类型1指英汉语人体部位习语的语言形式和概念系统完全相同。如：

feet on the ground　　　　　脚踏实地
with your bare **hands**　　　赤手空拳
lose **heart**　　　　　　　　灰心丧气

Feet on the ground 和"脚踏实地"都意为"做事踏实，实际"。*Feet* 和"脚"都指代"人"。由于"地"对应英语 *ground*，*feet on the ground* 和"脚踏实地"两个习语的比喻义都源于概念隐喻 being practical and sensible is being on the ground（踏实和明智就是在地上）。

With bare hands 和"赤手空拳"都意为"两手空空；徒手"。Hands 和"手、拳"都指代"控制"，即转喻"hands for control（"手"指代"控制"）"。"赤"和"空"对应 bare，*with bare hands* 和"赤手空拳"的比喻义都源于隐喻"without any tools or weapons is with bare hands（两手空空，没有工具和武器就是赤手空拳）"。

lose heart 和"灰心丧气"都意为"心意灰冷，丧失信心"。英汉语中的人体部位 heart 和"心"都指代"信心"，即转喻"心指代信心"。lose heart 和"灰心丧气"的比喻义都源于隐喻"失去心就是丧失信心"。

对应类型 1 较容易理解，原因是这种对应类型的英汉习语其字面义和比喻义都非常相似，有利于学生母语知识的正迁移。

表 4-1-7 中的对应类型 2 是指语言形式相似而不是相同，也就是说习语中除了人体部位词相同，其他成分完全不同，所以是语言形式相似。

表 4-1-7 对应类型 2

类型	语言形式	比喻义	概念转喻	概念隐喻
2	相似（仅人体部位相同）	相同	相同	不同

英汉语人体部位习语中如果包含的人体词相同，往往转喻就相同，但由于其他构成词不一样，所以二者隐喻不同，但习语比喻义可能相同。如：

Have a foot in two camps 脚踏两只船

Have a foot in two camps 与"脚踏两只船"比喻义相同，指"同时与两个理念不同的组织等有关联"，形容"摇摆不定，不专一"或"下不了决心"。"脚（foot/feet）"常用于英汉习语中，指代"人的立场"。人们做事和行动都离不开脚，通过"脚"的行为可以洞察一个人的处世态度和作风，突显其人

生观和世界观,淋漓尽致地体现其性格特征。① 尽管转喻相同,即"脚指代立场(foot stands for standpoint)",但两个习语的概念隐喻并不相同。英语习语的隐喻是"two standpoints are two camps(两个立场是两个营地)",汉语习语的隐喻是"两个立场是两只船"。

类型3(表4-1-8)习语与类型1习语的相同点:语言形式相同,概念转喻相同;不同点:比喻义和概念隐喻不同,如:

see the back of   望其项背

表4-1-8 对应类型3

类型	语言形式	比喻义	概念转喻	概念隐喻
3	相同	不同	相同	不同

英语习语 *see the back of* 的比喻义是"摆脱"。如果按字面翻译,可能会译为汉语成语"望其项背"。这两个习语的转喻理据相同,即"背(back)"指代"后面;背后"。英语习语中的 *see* 和汉语中的"望"意义相同。汉英两个习语字面义对等,但比喻义完全不同。*See the back of* 比喻义为"摆脱","望其项背"比喻义为"有能力"。两个习语包含相同的人体部位,转喻理据相同,但概念隐喻不同。英语习语 *see the back of* 的比喻义源于 *See the Back Is Not Seeing Again*(摆脱;不再见到);汉语习语"望其项背"的比喻义源于概念隐喻"有能力就是能够看到别人的后背"。两个隐喻的始源域相同,但在英汉习语中却分别投射到两个不同的目标域。

对应类型4(表4-1-9)的英汉习语语言形式相似(即习语中仅人体部位词相同)。类型4习语与类型2习语形成直接对比。类型2与类型4的差别是比喻义不同。对应类型2如下:

the apple of your eye   眼中钉

---

① 赵学德. 人体词语语义转移的认知研究[D]. 上海:复旦大学,2010.

表4-1-9 对应类型4

类型	语言形式	比喻义	概念转喻	概念隐喻
4	相似（仅人体部位词相同）	不同	等同	不同

英语习语 the apple of your eye 意为"掌上明珠；心肝宝贝"，eye/eyes 指代"视觉，视力，目光"。眼睛是每个人珍贵的财富，失去眼睛就失去了光明，所以眼睛常用于表达爱慕之情。眼睛的主要功能是"看"和"观察"，如果长时间地凝视某人或某物，说明对其感兴趣或有好感。汉语习语"眼中钉"意为"使人生气或讨厌的人"，习语中"眼/目"也指代"视力；视线"。尽管两个习语所含人体部位都是"眼（eye）"，但其他的构成部分完全不同。习语 the apple of your eye 的比喻义源于隐喻 a favorite person is the apple of sb.'s eye（喜欢的人就是眼睛里的苹果）。汉语习语"眼中钉"的比喻义源于隐喻"眼中钉就是使人生气或讨厌的人"。两个习语的概念转喻相同，但概念隐喻不同，意义也就截然不同。

除比喻义外，对应类型5（表4-1-10）中的其他参数都是"不同"。对应类型5的英汉语人体部位习语中所包含的人体词和其他构成词都不相同，所以这些习语的概念转喻和概念隐喻也不同。如：

fall **head** over heels　　　　　　　　　　神魂颠倒
all **hands** on deck　　　　　　　　　　　齐心协力
talk through the back of one's **neck/head**　信口开河
keep your **eyes** peeled　　　　　　　　　小心谨慎

表4-1-10 对应类型5

类型	语言形式	比喻义	概念转喻	概念隐喻
5	不同	相同	不同	不同

从上述英汉习语的比较可以看出，除比喻义相同外，它们的语言形式、包含的人体部位、转喻和隐喻都不同。换言之，尽管英汉语人体部位习语比喻义相同，它们的概念系统也会因为各自的文化特异性而表现出显著差异。All hands on deck 中，hands 指代"人"，源于转喻 hands for person（"手"指代

"人"），*all hands on deck* 的比喻义是"齐心协力"，源于概念隐喻 pull together to survive is all hands on the deck（齐心协力就是所有人在甲板上）。汉语习语"齐心协力"中的"心"在汉语中是人体最重要的器官之一，古代人以心为思维器官，"心"主宰人的思维活动和思想情况，用"心"映射"思维"。"齐心协力"比喻义为"思想团结"，源于隐喻"思想团结就是齐心协力"。

第二节 实验二结果

如第三章所述，实验二由两部分组成。实验第一部分要求15个被试口头把包含习语的句子翻译成汉语。第一部分完成之后即刻进行第二部分。第二部分中研究者要求每个被试回答3个调查问题，以便了解被试对实验使用的15个真假人体部位习语产生的心理表象。被试在回答3个调查问题的同时了解到，自己所看到的英语句子中包含着人体部位习语，而且对这些习语的比喻义也有了正确的理解。

一、第一部分结果

在第一部分的实验过程中，被试在不知晓句子中包含习语的情况下把20个句子口头翻译为汉语。这一部分我们主要关注两个问题：问题1——研究者并未告知被试句子中包含习语，那么被试是否意识到了句子中包含习语呢？问题2——被试如何把句子中的英语习语翻译成汉语？

（一）问题1：习语意识

本研究假设，如果被试能意识到句子中包含习语，那么被试翻译习语构成词的方式应该与翻译句子中的其他成分不同。"不同"是指被试不会按字面义翻译习语构成词，却按字面义翻译句子的其他成分。以含习语 *soft in the head* 的英语句子翻译为例：

句子：*Henry was soft in his head when he was told he would inherit the family estate soon.*

被试一的翻译：

亨利知道马上要继承财产后，头都软了。

被试二的翻译：

亨利被告知自己要继承家产后，非常激动。

被试三的翻译：

知道要马上继承家产后，亨利有些失去理智，好像疯了一样。

被试一的回答只是逐词翻译习语，*soft* 直接翻译成软，*head* 直接翻译成头，整体翻译是按字面义翻译。根据本研究假设，按字面义翻译整个句子说明被试没有意识到句子中包含习语。被试二和被试三的回答说明他们都意识到句子中包含习语，所以翻译时没有按照字面义逐字翻译习语。但值得关注的是，被试二尽管意识到句子中有习语，却没有正确翻译出习语的比喻义。表 4-2-1 是被试翻译 20 个习语时按字面义翻译的习语数量和不按字面义翻译的习语数量以及各自在习语翻译总数中的百分比。

表 4-2-1　字面翻译和非字面翻译的习语数量及百分比

字面翻译/个	45	非字面翻译/个	255
翻译总数/个	300	翻译总数/个	300
百分比	15%	百分比	85%

15 名被试对 20 个习语给出的 300 个翻译中，45 个属于直译，这相当于所有翻译总数的 15%。另外，255 个翻译属于非字面翻译，相当于总翻译数的 85%。很显然，字面翻译和非字面翻译数量差异悬殊，非字面翻译数远远超过字面翻译数。这一调查结果表明：在不知道句子中包含习语的情况下，被试普遍能意识到句子中包含习语。但有两点需要在此说明：首先，实验被试都是高级英语学习者，对英语的熟练度和认知成熟度使他们能凭借语境感觉到句子中包含习语。也就是说，如果他们按字面义翻译习语构成词，句子意义就可能不合常理，所以他们在翻译过程中会按非字面义翻译习语构成词。但是，对目标语不熟悉以及认知能力不够的二语学习者可能觉察不到上述这种情况，因此可能会按字面义翻译整个句子。其次，即便被试能意识到句子中包含习语并因此按非字面义翻译习语构成词，也不能说明被试已辨认出按非字面义翻译的那组词串就是习语。也就是说，本研究认为能够判断被试习语意识的指征不应作为被试辨认习语能力的指征。本研究的重点不是词汇学，所以判断词串是否属于

习语和本研究没有直接关系。本研究关注的是被试是否能意识到习语构成成分和句子的其他成分在语义上的差异。以上实验结果表明，被试普遍能意识到习语构成成分和句子其他成分的语义差异，这也是他们按非字面义翻译习语的原因。这种习语意识对二语学习者极为重要，但这种习语意识不包括辨认习语的能力。

（二）问题2：习语释义

第二部分的研究材料是15个包含人体部位的习语（10个真习语，5个假习语）。第二部分对15个被试口头翻译的15个真假人体部位习语的正确率进行分析。表4-2-2列举了15个英语习语翻译的正确率。

表4-2-2 英语习语翻译的正确率

10个真习语	正确率/%	5个假习语	正确率/%
soft in the **head**	13	soft in the **face**	8.3
with one **hand** tied behind your back	60	with one **foot** folded on your back	33.3
have a **heart** of stone	100		
open your big **mouth**	—	open your big **eyes**	—
feet on the ground	86		
shoot your **mouth** off	40	shoot your **fingers**	13
have **eyes** in the back of your **head**	53.3		
a long **face**	93.3		
get your **feet** wet	33.3	get your **nose** wet	8.3
have a **foot** in two camps	60		
总体翻译正确率（81/150）	54	总体翻译正确率（13/75）	17.3

如表4-2-2所示，一方面，10个真习语的翻译正确率大大超过了5个假习语的翻译正确率；另一方面，5个真习语和与其对应的5个假习语的正确率还可以表明，5个真习语的总体正确率不仅超过5个假习语，而且5个真习语中每一个习语的正确率也高于其对应的假习语。总之，在翻译5对习语的意义时，被试翻译真习语的正确率更高。

为什么10个真习语和5个假习语的正确翻译率会有如此大的差异？为什么被试对5对真假习语的反应会如此相似？实验中每对真假习语被置于语境相

似的两个不同句子中，所以可排除语境对翻译正确率的影响。也就是说，如果语境是促成习语翻译正确的原因，那真假习语的翻译正确率就不应该有差异，而应该是两种习语翻译正确率相似。

上述情况表明，在习语中的人体部位词和被试翻译的习语比喻义之间一定存在某种联系，这种联系与被试的隐性知识相关，因此当被试把句子中的习语翻译成汉语时，隐性知识便被激活。Gibbs（1990，1995）提出，习语和其比喻义之间的联系基于底层的概念隐喻和概念转喻，这些底层的概念机制是储存在被试概念系统中的隐性知识，在被试翻译句子时被激活。但5个假习语却无法通过概念转喻和概念隐喻产生有理据的习语比喻义，所以翻译正确率很低。

此外，有些习语的翻译正确率值得关注一下，如：

have a **heart** of stone

此习语的翻译准确率为100%，以下是3个被试的翻译：

被试一：有一颗石头心

被试二：有着石头一样的心肠

被试三：有铁石心肠

以上翻译可以表明，习语的汉语翻译虽然有些不同，但都有3个要素：①有（have）。②心（heart）。③石头（stone）。Have a **heart** of stone 与具有上述3个要素的汉语成语"铁石心肠"非常接近。也就是说，汉语习语"铁石心肠"和与其对应的英语习语 have a **heart** of stone 的表层形式是相似的。此外，两个习语有相同的比喻义，而且概念系统也相似，都表示某人冷酷无情。被试只要把英语习语直译成汉语即可。这属于第一语言到第二语言的正迁移，也是这一习语翻译正确率为100%的原因。

soft in the **head**

在15个真假习语中，soft in the **head** 的翻译正确率最低。以下是被试给出的汉语翻译：

被试一：很激动、很高兴

被试二：喜不自禁

被试三：高兴得头都晕了

从上述汉语翻译可看出，被试大多认为这一习语表示高兴和激动的意思，这种理解显然是错误的，所以上述习语翻译都不正确。soft in the **head** 表示某人的行为既不理智又有点疯狂。句子中提到 *when he was told he would inherit the family estate*，继承家产对大多数人来说是开心和激动的事情，所以大多数被试受此语境的影响，认为这一习语应该是汉语开心和激动的意思，所以出现了翻译错误。

get your feet wet

另一个翻译正确率也很低的真习语是 *get your feet wet*，被试的翻译如下：

被试一：失足

被试二：贪污受贿

被试三：犯错误

被试普遍把这一习语翻译成与"犯错"有关的汉语表达式。英语中，这一习语意为"第一次参与某事"。而在汉语中，"湿脚"很容易使人联想到"湿鞋"，继而想到"常在河边走，哪有不湿鞋"这样一句流传很广的谚语，意为"如果经常有犯错的机会，怎么会不犯错呢？"，"湿鞋"在汉语中相当于"犯错误"，这种概念上的差异引起汉语到英语的负迁移，然后，被试又被句子中提到的"*solve crimes*"所误导，因为这一语境给人造成的印象是 Charles 所做的事与犯罪相关。总之，第一语言到第二语言的负迁移以及错误的语境提示造成了习语的翻译错误。

二、第二部分结果

实验第二部分使用的15个习语中，10个是真习语，5个是假习语，句子中习语部分都用黑体表示并给出习语的意义，要求被试把15个句子口头翻译成汉语。翻译结束后即刻与被试进行一对一访谈式问答。研究者准备了3个问题，要求每个被试根据纸条上的习语尽量做详细回答，目的是了解被试的心理表象。

（一）习语释义（习语义已经给出）

实验第二部分和实验第一部分不同的是，在第二部分，被试知道15个英语句子中各包含一个习语并知道了习语的比喻义。对实验第二部分的实验记录进行详细分析后发现，所有被试翻译句子和习语时都参考了给出的习语比喻义，因此没有被试再按字面义翻译习语，而是运用给出的习语比喻义来意译习语。以习语 *feet* on the ground 为例：

feet on the ground

例句：*He is always talking about his big plans to be a great actor. You should tell him to **keep his feet on the ground**.*

习语意义：*If someone keeps his feet on the ground, he continue to act in a sensible and practical way even when new and exciting things are happening or even when he become successful or powerful.*

3 个被试给出的汉语翻译如下：

被试一：他总是在谈论要成为伟大演员的宏伟计划。你应该告诉他要保持理智，踏实一些。

被试二：他不停地说起他要成为一个伟大的演员，请你告诉他还是脚踏实地吧。

被试三：他经常告诉别人他一定要成为名演员，你最好告诉他做人要踏实，不要夸夸其谈。

上述 3 个被试的翻译都包含了理智和踏实这两个词。可以看出，被试运用给出的习语义把习语翻译成了汉语。上述翻译表明，一些被试能运用已知的汉语表达来翻译英语习语，如被试二给出的翻译是"脚踏实地"。"脚踏实地"在汉语中是成语，与英语习语 *feet on the ground* 有相同的比喻义和字面义。

（二）调查问题 1 结果：心理表象

问题 1 的目的是要了解被试把习语和习语比喻义进行联系时产生的大脑图像或心理表象，要求被试尽可能详细地口头描述他们对习语和习语比喻义所产生的心理表象。根据 Gibbs（1990，1995），本研究假设人们对许多习语有高度一致的心理表象，这种一致性源于形成习语比喻义的概念理据（概念隐喻和概念转喻）。也就是说，如果假设有效，被试对 10 个真习语产生的心理表象应该是一致的，对 5 个假习语产生的心理表象则应该是不一致的。如果我们发现被试对真习语的心理表象不一致或对假习语的心理表象比对真习语的心理表象更一致，以上假设则证明不成立。

实验过程中研究者和助手如实记录了被试对句子的口头翻译和对3个调查问题的回答。通过仔细分析这些实验记录,可以看出被试对15个真假人体部位习语产生的心理表象的一致性程度。分析方法与Gibbs的方法相似(1990,1995)。首先,分析每个被试对同一个习语产生的心理表象,寻找这些心理表象共有的普遍特征,然后统计与每个习语相关的心理表象的普遍特征,通过这些普遍特征可以确定一个习语在所有被试大脑中的普遍图式,分析有多少被试所描述的心理表象符合这个图式,多少被试所描述的心理表象不符合这个图式。根据上述分析方法,我们总结出了15个人体部位习语中每个习语的普遍图式。实验数据显示,15个习语中每个习语的心理表象一致率都符合这一习语的普遍图式(表4-2-3和表4-2-4)。被试对一个习语产生的心理表象一致率越高,说明更多的被试对这一习语产生的心理表象符合普遍图式。

表4-2-3　10个真习语心理表象的一致率

真人体部位习语	普遍图式	一致率/%
soft in the **head**	人头软就会摇来摇去失去控制,然后失去理智	80
with one **hand** tied behind your back	人用一只手就能做事,说明这件事很容易	93.3
have a **heart** of stone	人的心如果像石头,说明又冷又硬,很冷酷	100
open your big **mouth**	一个人嘴巴大,喜欢说别人闲话	73.3
feet on the ground	一个人两脚着地走路不会轻飘飘,而是很实在	100
shoot your **mouth** off	一个人不停地讲话,就像乱枪扫射,不过都是废话	60
have **eyes** in the back of your **head**	脑袋后面长了眼睛,能看得更清楚	86.7
a long **face**	一个人脸长意味着他很不高兴	93.3
get your **feet** wet	人只是脚湿,但还没有湿了别的地方,说明还在尝试水的深浅	53.3
have a **foot** in two camps	一个人头掉到脚跟上,他会失去平衡,好像就要跌倒	93.3

表4-2-4　5个假习语心理表象的一致率

假人体部位习语	普遍图式	一致率/%
open your big **eyes**	人睁大眼睛,说明这个人很惊讶	26.7
	没有心理表象	40

续表

假人体部位习语	普遍图式	一致率/%
with one *foot* folded on your back	一个人把脚放在背后还能做事，这件事一定很容易	33.3
	没有心理表象	26.7
soft in the *face*	一个人脸软，表示脸皮薄	13.3
	没有心理表象	60
shoot your *fingers*	人的手指像枪一样发射，说明这个人很忙	40
	没有心理表象	20
get your *nose* wet	人鼻子湿，是因为很热会出汗	13.3
	没有心理表象	46.7

如表4-2-3所示，被试对真习语产生的心理表象与普遍图式的一致率很高。通过分析实验记录中被试对10个真习语心理表象的描述，发现被试对10个真习语产生的心理表象与普遍图式的一致率平均为83.3%。与之形成对比的是被试对5个假习语产生的心理表象的严重不一致，也就是说，被试对5个假习语产生的心理表象与普遍图式的一致率非常低。从表4-2-4可以看出，被试对5个假习语产生的心理表象一致率要比对真习语产生的心理表象一致率低得多。被试对假习语产生的心理表象与普遍图式的一致率平均只有25.3%。

上述两个一致率（83.3%和25.3%）之间的巨大差异表明，被试对10个真习语产生的心理表象有很高的一致性。根据Gibbs（1990，1995），心理表象的一致性是因为概念隐喻的作用。一方面，通过概念隐喻可以在习语和习语比喻义之间形成理据关系，从而促进学习者理解习语。另一方面，被试对5个假习语产生的心理表象缺乏一致性。这是因为假习语是研究者自己杜撰的，习语和其比喻义之间无法通过概念隐喻形成理据关系。也就是说，被试对5个假习语产生的心理表象没有受到概念隐喻的制约，所以导致被试对假习语产生多种不一致的心理表象。

综上所述，被试对5个假习语产生的心理表象的低一致率以及被试对某些假习语无法产生心理表象的原因在于：假习语缺乏底层概念机制，习语的字面义对习语的理解不起任何作用。如表4-2-4所示，假习语 get your nose wet 对应真习语 get your feet wet，对这一假习语"没有心理表象"的回答占46.7%；对假习语"没有心理表象"的回答平均为38.7%。以下被试回答等同于"没有心理表象",如:我想不到心理表象,似乎很难;这个习语和它的意义似乎没有关系;这个习语不太对,同意义根本不搭配。

以上回答可进一步确定,被试对真习语产生的心理表象高度一致性的原因并非被试熟悉真习语的比喻义,而是因为真习语的比喻义源于被试隐性知识中的概念隐喻。如果心理表象的一致性仅仅与习语比喻义相关,那么被试对实验中展示的与真习语比喻义相同的对应假习语也应该产生高度一致的心理表象,而不是"没有心理表象"。总之,与假习语相关的心理表象不一致,或者缺省的原因是被试隐性知识中没有和假习语比喻义相关的概念隐喻。

(三) 调查问题 2 结果:概念转喻

本研究关注的是人体部位习语,这些习语的比喻义大都源于概念隐喻和概念转喻。问题 2 是调查概念隐喻和概念转喻是否都存在于被试的隐性知识中。以下两个表格(表 4-2-5、表 4-2-6)列举了 10 个真习语和 5 个假习语中人体部位词的普遍图式以及被试回答与普遍图式的一致率。

表 4-2-5 10 个真习语中人体部位词的普遍图式以及被试回答与普遍图式的一致率

10 个真习语	普遍图式	一致率/%
soft in the **head**	头负责控制理智和行为	73.3
with one **hand** tied behind your back	手代表做事	93.3
have a **heart** of stone	心是情感所在之处	100
open your big **mouth**	嘴用来讲话	73.3
feet on the ground	双脚代表踏实	80
shoot your **mouth** off	嘴用来讲话	86.7
have **eyes** in the back of your head	眼睛代表注意力	60
a long **face**	脸指代表情绪	100
get your **feet** wet	脚代表人	53.3
have a **foot** in two camps	脚代表立场	86.7

表4-2-6　5个假习语中人体部位词的普遍图式以及被试回答与普遍图式的一致率

5个假习语	普遍图式	一致率/%
open your big eyes	眼睛指代注意力	40
	没有直接关系	60
with one foot folded on your back	脚指代做事	13.3
	没有直接关系	86.7
soft in the face	脸指代脸面	33.3
	没有直接关系	60
shoot your fingers	手指代做事	8.6
	没有直接关系	93.3
get your nose wet	鼻子指代做事	26.7
	没有直接关系	33.3

表4-2-5和表4-2-6表明，被试对真习语中人体部位词的认知与人体部位词的普遍图式一致率较高，有两个习语的一致率达到100%，平均一致率为81%。相比之下，被试对假习语的回答一致率平均只有24%，要比前者低得多。认为习语中的人体部位和习语意义之间没有直接联系的回答主要是针对假习语。比如，被试对假习语 shoot your fingers 的回答有93.3%是"没有直接关系"。对5个假习语的回答中，"没有直接关系"的回答平均率为66.7%，几乎是回答一致率（24%）的三倍。

这些提供的一致率数据表明，概念转喻和概念隐喻确实储存在被试的隐性知识中。这两种普遍的底层认知机制是习语语义的概念理据，能够把习语构成词和习语比喻义联系起来。人体部位习语似乎更能体现概念转喻机制。如表4-2-5中显示，许多被试描述的普遍图式都是大家所熟悉的与人体部位相关的概念转喻。比如 have a heart of stone，所有被试都认为 heart 和"情感"有关，这表明概念转喻"心指代情感"存在于被试的隐性知识中。另一个回答一致率很高的习语是 with one hand tied behind your back，93.3%的被试都认为 hand 在习语中的作用与手的做事功能有关，即概念转喻"手指代做事"。此外，在 a long face 中，"脸"代表"情绪"；have a foot in two camps 中，"脚"代表"立场"；shoot your mouth off 中，嘴巴作为一种语言器官具有言语功能，代表说话；have eyes in the back of your head 中，"眼睛"代表"注意力"。

综上所述，准确理解习语比喻义必须具备各种概念隐喻和概念转喻的隐性知识。概念隐喻是通过始源域到目的域的映射而概念转喻是通过同一域内的映射形成习语比喻义。如果没有这些概念机制作为习语语义理据的底层机制，被试对习语产生的心理表象就不会有一致性。总之，上述问题的调查结果可以证实：习语比喻义的理据是概念隐喻和概念转喻，这些底层的概念机制在被试的隐性知识中具有心理真实性。

（四）调查问题 3 结果：作为始源域的人体部位

问题 3 是引导被试说出更多使用相同人体部位（始源域）的汉语习语表达式（表 4-2-7）。所有被试都回答不出与 5 个假习语始源域相同、比喻义相同的汉语习语表达式。

表 4-2-7　被试给出的与 10 个真习语对应的汉语表达式

10 个真习语	汉语表达	意义（字面义/比喻义）
soft in the **head**	昏头昏脑	字面义：无意识的头、无意识的脑 比喻义：疯狂；失控
with one **hand** tied behind your back	手到擒来	字面义：手碰到就可以拿走 比喻义：能轻松做事
have a **heart** of stone	铁石心肠	字面义：石头一样的心 比喻义：冷酷无情
open your big **mouth**	多嘴多舌	字面义：说话多 比喻义：爱说闲话
feet on the ground	脚踏实地	字面义：脚稳稳踩在地上 比喻义：踏实的，理智的
shoot your **mouth** off	信口开河	字面义：随便乱说 比喻义：没有根据地胡说
have **eyes** in the back of your head	眼观六路	字面义：眼睛可随时关注四周 比喻义：眼光敏锐，非常机警
a long **face**	愁眉苦脸	字面义：发愁时的表情 比喻义：心情不好，不高兴
get your **feet** wet	初次涉足	字面义：第一次把脚伸到水里 比喻义：第一次做某件事
have a **foot** in two camps	脚踩两只船	字面义：一只脚同时踏两条船 比喻义：立场不坚定

第三节 实验三结果

实验三是测试概念理据分析教学模式可行性和有效性的实验性研究。研究假设是：概念理据分析教学法比传统词汇列举教学法更有效。

本节主要统计分析实验三的研究结果。我们应用 SPSS（版本 21.0）进行定量数据分析。所有实验测试成绩（前测、后测、再测）全部输入 SPSS（版本 21.0），使用样本 T 检验和配对 T 检验方法对其进行统计分析。研究结果由以下 3 部分组成：

（1）SPSS（版本 21.0）数据统计结果。
（2）对数据统计结果的文字性描述和分析。
（3）结论。

由于时间和空间所限，我们只输出与研究问题相关的数据分析。在 SPSS 数据分析中，信度（confidence value）设定为95%，这就意味着如果 P 值小于 0.05（$P<0.05$），那么比较结果就具有显著性差异。

一、控制组和实验组前测成绩结果比较

我们使用独立样本 T 检验来比较控制组和实验组的前测成绩。

（一）数据统计结果

表 4-3-1 是控制组和实验组前测成绩比较和 SPSS 数据输出结果。

表 4-3-1 控制组和实验组前测成绩平均值和比较结果

前测（平均值）	控制组（$N=33$）	实验组（$N=33$）	P 值
	17.24	19.21	0.288

（二）结果分析和描述

表 4-3-1 中，P 值为 0.288。（$P>0.05$），说明控制组和实验组的前测

成绩没有显著性差异。

(三) 结论

比较结果表明：①两组被试普遍不熟悉前测中的人体部位习语。②两组被试对前测中的人体部位习语知晓度相似。换言之，控制组和实验组被试在参加运用不同习语教学法的习语教学活动之前，对所测试的人体习语的知晓度或熟悉度处于同一水平。

二、控制组和实验组前测成绩和后测成绩结果

我们对控制组和实验组的前测成绩和后测成绩分别进行组内比较。预想结果：由于每组学生接受前测之后立即接触到内容充实、信息量很大的习语教学材料（不管教师采用什么方法教授这些内容），他们的后测成绩会显著提高。我们使用配对样品 T 检验法进行组内比较。

(一) 数据统计结果

比较结果见表 4-3-2。

表 4-3-2 控制组和实验组前测和后测成绩组内比较

组别	前测成绩平均值	后测成绩平均值	P 值
控制组	17.24	56.85	0.000
实验组	19.21	82.55	0.000

(二) 结果分析和描述

表 4-3-2 中的数据表明，两组的后测成绩均明显高于前测成绩。比较得出的 P 值（$P=0.000$）说明，两组前测成绩和后测成绩的组内比较结果有显著差异（$P<0.05$）。

(三) 结论

通过比较得出的结论是：无论运用传统习语教学法还是概念理据分析教学法教学习语，都能促进学生学习和理解习语。

三、实验三问题（1）的结果

本节通过控制组和实验组后测成绩和再测成绩（一周后）的组间比较结果分析来回答实验三提出的研究问题（1）。基于研究问题（1）形成的零假设（1）如下：

零假设（1）：传统习语教学法比概念理据分析教学法更促进二语习语教学和学习。

控制组和实验组后测成绩和再测成绩（一周后）的组间比较预想结果是：对控制组和实验组的测试都包含机械记忆和复习两个步骤。如果两组学生都只凭机械记忆完成后测和一周后再测，那么控制组和实验组的成绩应该很接近，不会存在显著差异性。但如果运用概念理据分析教学法确实比传统习语教学法更促进学习者理解习语，而且能引导学习者关注英汉习语语言形式和概念系统的相似和差异，那么在习语教学活动中运用概念理据分析法教学和学习习语的实验组，在后测和再测（一周后）中的成绩都应高于在习语教学活动中运用传统习语教学和学习的控制组。

尽管传统习语教学法和概念理据分析法都能促进习语学习，但从习语教学和学习角度来说，我们应该通过实验测试确定一种更有效的习语教学和学习方法。

（一）数据统计结果

表4-3-3显示两组后测成绩的组间比较；表4-3-4显示两组一周后再测成绩的组间比较。

表4-3-3　两组后测成绩的组间比较

后测 （平均值）	控制组	实验组	P 值
	56.85	82.55	0.000

表4-3-4　两组再测（一周后）成绩的组间比较

再测 （平均值）	控制组	实验组	P 值
	36.45	77.12	0.000

(二) 结果分析和描述

表 4-3-3 中的数据表明，实验组后测成绩高于控制组，两组成绩有显著性差异（$P<0.05$）。表 4-3-4 中的数据表明，再测（一周后）中，实验组的成绩依然高于控制组，两组成绩有显著性差异（$P<0.05$）。两组两次测试成绩的组间比较结果表明，实验组学生的两次测试成绩均好于控制组，而且存在显著性差异（$P<0.05$）。

(三) 结论

以上数据分析表明，实验组在后测和再测中的成绩均高于控制组，两组的两次测试成绩都存在显著性差异。这一结果说明，运用概念理据分析教学法确实比运用传统习语教学法更有效，更促进习语的理解和学习。也就是说，实验结果证实零假设（1），即传统习语教学法比概念理据分析教学法更促进二语习语教学和学习，是不成立的。

四、实验三问题（2）的结果

本节通过控制组和实验组后测和再测中未教授习语所得成绩比较结果分析来回答实验三提出的研究问题（2）。基于研究问题（2）形成的零假设（2）如下：

零假设（2）：传统习语教学法比概念理据分析教学法更有助于二语学习者预测未教授人体部位习语中的人体部位词和人体部位习语的比喻义。

控制组和实验组在后测和再测中未教授习语所得成绩比较的预想效果是：如果仅凭机械记忆完成后测和再测中的 10 个未教授习语，两组被试在 10 个未教授习语上所得成绩应该都不高，因为机械记忆对学习者猜测未教授习语的比喻义不起作用。但运用概念理据分析教学法可引导学习者推导未教授人体部位习语中的人体部位词和习语整体比喻义，并利用自己的汉语母语知识来理解加工英语习语。所以，后测和再测（一周后）中，实验组在 10 个未教授习语上的所得成绩都应该高于控制组。

如果运用概念理据分析教学法确实比运用传统习语教学法更促进学习者学习理解习语，那么它不仅应该促进学习者理解"已教授"的人体部位习语，而且还应该促进学习者预测未教授人体部位习语中可能包含的人体部位词及习语的比喻义。

(一) 数据统计结果

表 4-3-5 显示控制组和实验组被试后测中在 10 个未教授习语上所得成绩比较。表 4-3-6 显示两组学生再测（一周后）中在 10 个未教授习语上所得成绩比较。我们使用样本 T 检验法对以下数据进行统计，统计结果如下。

表 4-3-5　后测中未教授习语成绩比较

后测 （平均值）	控制组	实验组	P 值
	5.09	16.24	0.000

表 4-3-6　一周后再测中未教授习语成绩比较

再测 （平均值）	控制组	实验组	P 值
	4.79	15.48	0.000

(二) 结果分析和描述

后测中实验组在未教授习语上的平均成绩高于控制组，两组成绩有显著差异（$P=0.000$，$P<0.05$）。这表明实验组被试猜测未教授人体部位习语中包含的人体部位词和习语比喻义的表现优于控制组的被试。

再测（一周后）的目的是检验习语教学方法对学生长期记忆的影响程度。再测（一周后）中控制组和实验组被试在未教授习语上所得成绩有显著差异（$P<0.05$），表明实验组被试的习语学习效果和习语记忆效果都优于控制组被试。

(三) 结论

以上数据结果和分析表明，在后测和再测（一周后）中，接受概念理据分析教学法的实验组在未教授习语上的得分均高于接受传统习语教学法的控制组，两组成绩有显著性差异（$P=0.000$，$P<0.05$）。实验结果证实零假设（2），即传统习语教学法比概念理据分析教学法更有益于二语学习者预测未教授人体部位习语中的人体部位词和人体部位习语的比喻义，是不成立的。

五、实验三问题（3）的结果

本节通过问卷调查分析来回答实验三提出的研究问题（3）。基于研究问题（3）形成的零假设（3），即外语教师和外语教材出版方不该认为概念理据分析教学法比传统习语教学法对习语学习和教学更有促进作用。

问卷调查在学后测试后即刻进行，确保控制组和实验组的 66 名被试每人填写一份调查问卷并独立完成。调查问卷要求被试对自己所接受的英语习语教学方法评分。那么，控制组被试和实验组被试给出的反馈会有何不同？

（一）数据统计结果

表 4-3-7 显示的是控制组学生对调查评分的平均值。表 4-3-8 是实验组学生对调查评分的平均值。表 4-3-9 是对控制组和实验组评分平均值的比较。

表 4-3-7　控制组调查问卷评分平均值

项目	极为同意 6	同意 5	比较同意 4	比较反对 3	反对 2	极为反对 1
1. 学习材料信息量大			4.18			
2. 学习材料新颖			4.45			
3. 学习材料有趣			4.53			
4. 教学方法新颖				3.48		
5. 教学方法有助于习语记忆				3.72		
6. 教学方法有助于习语学习			4.12			

表 4-3-8　实验组调查问卷评分平均值

项目	极为同意 6	同意 5	比较同意 4	比较反对 3	反对 2	极为反对 1
1. 学习材料信息量大		5.21				
2. 学习材料新颖		5.39				
3. 学习材料有趣		5.09				
4. 教学方法新颖		5.27				

续表

项目	极为同意 6	同意 5	比较同意 4	比较反对 3	反对 2	极为反对 1
5. 教学方法有助于习语记忆			5.42			
6. 教学方法有助于习语学习			5.48			

表4-3-9 控制组和实验组调查问卷评分平均值比较

	控制组	实验组	P 值
1. 学习材料信息量大	4.18	5.21	0.000
2. 学习材料新颖	4.45	5.39	0.000
3. 学习材料有趣	4.03	5.09	0.000
4. 教学方法新颖	3.48	5.27	0.000
5. 教学方法有助于习语记忆	3.72	5.42	0.000
6. 教学方法有助于习语学习	4.12	5.48	0.000

(二) 结果分析和描述

表4-3-9的数据表明，控制组和实验组对调查问卷中各项调查的评分平均值比较结果有显著性差异（$P=0.000$，$P<0.05$）。因此可以得出结论：与运用传统习语教学法相比，概念理据分析教学法更为新颖；能使表面上毫无逻辑、难以理解的习语更易于记忆；学习者认为运用概念理据分析教学法更促进习语理解和学习。

(三) 结论

上述统计结果和结果分析表明，学习者认为运用概念理据教学法比传统习语教学法更新颖、更促进习语记忆和学习，因此可以合理推断，课堂教学和教材编写中使用这一方法促进习语教学和学习。这一实验结果证实零假设（3），即外语教师和外语教材不该认为概念理据分析教学法比传统习语教学法对习语学习和教学更有促进作用，是不成立的。

六、研究问题（6）的结果

本节通过对英汉语人体部位习语比较模式中的5种对应类型习语的难易度

数据分析回答了实证研究问题（6）：根据英汉语人体部位习语跨语言比较的实证研究结果，汉语母语的英语学习者对英汉5种对应类型习语的理解情况如何？

（一）数据统计结果

表4-3-10是实验组在5种对应类型习语上的平均得分和正确率。

表4-3-10　5种对应类型习语上的平均得分和正确率

类型1	类型2	类型3	类型4	类型5
16.9	12.78	15.79	15.86	15.17
84.5%	63.9%	78.9%	79.3%	75.9%

我们使用配对样本T检验法来对测试成绩进行比较，上述5种对应类型可以组成10对变量。表4-3-11是SPSS（21.0）输出的数据。

表4-3-11　5种对应类型习语测试成绩平均值比较

项目		成对差分					t	df	Sig.（双侧）
		均值	标准差	均值的标准误	差分的95% 置信区间				
					下限	上限			
对1	类型1—类型2	4.121 21	2.260 50	0.393 50	3.319 67	4.922 75	10.473	32	0.000
对2	类型1—类型3	1.121 21	1.964 65	0.342 00	0.424 58	1.817 85	3.278	32	0.003
对3	类型1—类型4	1.045 45	2.450 65	0.426 60	0.176 49	1.914 42	2.451	32	0.020
对4	类型1—类型5	1.742 42	2.468 94	0.429 79	0.866 98	2.617 87	4.054	32	0.000
对5	类型2—类型3	-3.000 00	2.904 74	0.505 65	-4.029 98	-1.970 02	-5.933	32	0.000
对6	类型2—类型4	-3.075 76	2.586 39	0.450 23	-3.992 85	-2.158 66	-6.831	32	0.000
对7	类型2—类型5	-2.378 79	2.583 09	0.449 66	-3.294 71	-1.462 86	-5.290	32	0.000
对8	类型3—类型4	-0.075 76	2.861 71	0.498 16	-1.090 48	0.938 96	-0.152	32	0.880
对9	类型3—类型5	0.621 21	2.724 40	0.474 26	-0.344 82	1.587 24	1.310	32	0.200
对10	类型4—类型5	0.696 97	1.988 01	0.346 07	-0.007 95	1.401 89	2.014	32	0.052

为便于实验结果的分析和描述，我们把英汉习语跨语言比较模式表复制如表4-3-12所示。

表4-3-12 英汉习语跨语言比较模式表

类型	语言形式	比喻义	概念转喻	概念隐喻
1	相同	相同	相同	相同
2	相似	相同	相同	不同
3	相同	不同	相同	不同
4	相似	不同	相同	不同
5	不同	相同	不同	不同

(二) 结果分析和描述

表4-3-10数据表明，5种对应类型习语中，学习者最容易理解类型1习语。实验组被试在类型1习语上的得分平均值为16.9（每种对应类型习语对应4道测试题，总分20分），正确率为84.5%，比其他4种对应类型习语上的平均得分和正确率都高。SPSS输出的数据也证实了这一结果。

包含类型1的4个配对样本检验中，有3对之间存在显著性差异。这表明，类型1是5种对应类型中最容易理解的习语类型。这一结论与Deignan（1997）和Charteris-Black（2002）的结论一致。对应类型1的情况是英汉习语的语言形式和概念系统都相同，所以对英语学习者来说，只要把类型1习语逐字翻译成汉语，汉语习语的语义和其对应的英语习语语义就非常相似，而且，在加工理解类型1习语时汉语的概念知识往往发生母语正迁移，因此对英语学习者来说，类型1习语几乎没有难度。本研究支持Charteris-Black（2002）的观点：初级英语学习者适合先学习易于理解的对应类型1习语，然后再学习其他4种理解难度大的对应类型。

类型2习语在5种对应类型习语中最难理解。SPSS输出数据表明，类型2和其他4种对应类型习语的平均得分比较都有显著性差异（$P = 0.000$，$P < 0.05$）。类型2习语理解难度大的原因可能是：①英语习语和其对应的汉语成语尽管包含相同的人体部位词，比喻义也相同，但是概念隐喻不同。根据Charteris-Black（2002），评价义隐喻通常因文化的不同而不同，如 *have eyes in the back of your head* 与对应的汉语成语"眼观六路"，它们转喻相同，都源于"眼睛指代注意力（eyes for attention）"。英语习语 *have eyes in the back of your head* 的隐喻是 knowing what is going on is having eyes in the back of head，与汉语

成语"眼观六路"隐喻不同。②类型 2 的英语习语与汉语习语的表层语言形式不完全相同，只是"相似"。表层形式相似是指类型 2 的英语习语和汉语习语包含的人体部位词相同，但其他构成词不同，如 a long face 和"愁眉苦脸"。英语中把不快乐的人描述为有 a long face；汉语中不使用"长脸（a long face）"而是使用"苦脸"来描述不快乐的人，"苦脸（bitter face）"表达一个人不快乐的样子。

类型 3 和类型 5 习语的测试平均成绩居中，表明这两类习语对实验组的学生来说既不太容易也不太难，此结论与 Charteris-Black（2002）一致。Charteris-Black（2002）提出，由于类型 3 习语的表层语言形式与对应目的语的语言形式相同，但比喻义不同，容易使外语学习者的母语知识产生负迁移，从而错误地理解目的语习语。类型 4 习语是 5 种类型习语中除类型 1 外最容易理解的习语类型。

（三）结论

以上结果分析表明，对汉语母语的英语学习者来说，类型 1 习语理解难度最小，类型 2 习语理解难度最大。5 种类型英语习语按从易到难排列依次是：类型 1、类型 4、类型 3、类型 5、类型 2。从教学角度来说，此排列顺序可作为外语教师为不同级别学习者选择教学习语时的参考。

七、小结

实验三是本研究中最重要的一部分。

第一，实验三的结果回答了第三章第四节中提出的研究问题（5）（6）。

研究问题（5）：在英语习语教学中运用基于认知和跨语言比较的概念理据分析教学法比传统习语教学法更有效吗？

研究问题（6）：根据英汉语人体部位习语跨语言比较的实证研究结果，汉语母语的英语学习者对英汉 5 种对应类型习语的理解情况分别如何？

第二，证实了实验三提出的 3 个零假设是不成立的，从而可以得出以下结论。

（1）概念理据分析教学法比传统习语教学法对汉语母语者学习英语习语更有效。这一结论同时也回答了研究问题（5）。

（2）概念理据分析教学法比传统习语教学法更促进英语学习者推导未教授习语的比喻义。

（3）与传统习语教学法相比，概念理据分析教学法更适合习语教学和学习，更为学习者欢迎。因此，英语教师有必要在课堂教学中实验性地应用这种教学方法，英语教材编写也可以参考这种习语教学法。

第五章 研究结论与教学应用

第四章我们分析描述了 3 个实验的数据结果及实验结论。实验三的数据统计结果证实了实验三提出的 3 个零假设不成立,从而得出了 3 个结论。本章主要介绍 3 个实验结果分别对英语习语教学和学习的启示。实验一的教学启示是教学中要为学习者选择适合的习语,重视理据分析,运用跨语言比较方法,根据理据分析组织二语习语等。实验二的教学启示是引导学生通过启发探究和概念发现的方式猜测习语意义。实验三的教学启示是教师可通过课堂用语教学习语,也可根据教学时间和教学对象分别使用概念隐喻法、概念隐喻和概念转喻法、概念理据分析法教学习语。

第一节 习语学习与应用认知语言学

近几年来,"越来越多的研究者开始关注如何将认知语言学的研究成果应用于第二语言习得和外语教育,'应用认知语言学'这门新学科应运而生(Boers 和 Lindstromberg,2008;Putz,2007),隐喻成为认知语言学和二语习得两门学科之间的接口"。[①] 根据 Boers 和 Lindstromberg(2006),认知语言学对应用语言学的渗透一直非常缓慢,但很多与此课题相关的实验以及本研究的实验都证实:认知语言学可以应用于语言教学并促进语言教学的发展。

习语教学和学习一直是语言教育者和语言研究者关注的主题,这方面的实

---

① 引自王力非教授 2012 年 10 月"第三届全国认知语言学与二语习得研讨会"中"国内外二语习得研究进展"主旨发言。

证性研究也一直很多（Boers，2001；Boers 等，2004；Boers 和 Lindstromberg，2005；Cooper，1998；Grant 和 Nation，2006；Irujo，1986；Latty，1986、1994；Lennon，1998）。上述学者从应用认知语言学的角度研究二语习语学习，已取得很多成果。

第二节　基于认知和跨语言比较模式的概念理据分析教学法

本研究实验结果证实，在语言教学和二语习语学习中运用认知语言学和跨语言比较对习语进行概念理据分析可促进学习者理解习语，提高习语教学的有效性。这种习语教学模式首先假设认知语言学能促进习语教学和习语学习。这一假设的基础是概念理据分析有益于语言学习（Kövecses，2001），也就是说，运用概念理据分析法进行语言教学，如比喻性习语教学，能促进学习者的习语学习。Boers 和 Lindstromberg（2006）认为，语言教学中使用概念理据分析法可增强学习者对语言的理解、记忆并培养他们对目的语的文化意识和积极情感。比喻性习语的理据源于概念隐喻、概念转喻和跨文化比较，如图 5-2-1 所示。

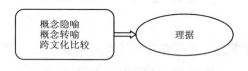

图 5-2-1　概念理据分析

在习语教学中运用概念理据分析教学法之前，需要先了解本研究的实验结果和一些课堂教学策略，如表 5-2-1 所示。

表 5-2-1　实证研究结果和习语教学策略

主要发现	教学策略
英汉语中分别有 393 个和 773 个包含 10 个人体部位的习语	选择英语习语的依据和过程
大多数英汉语人体部位习语语义理据源于隐转喻	课堂教学活动中强调习语概念理据

续表

主要发现	教学策略
跨语言比较表明英汉语人体部位习语之间存在5种对应类型	习语教学中运用跨语言比较分析 习语教学中介绍英汉习语的对应类型
基于认知和跨语言比较模式的概念理据分析教学法促进英语学习者理解人体部位习语	课堂教学学习英语习语 灵活运用英语习语学习教学材料 把基于认知和跨语言比较模式的概念理据分析教学法应用于英语习语教学和外语教材
基于认知和跨语言比较模式的概念理据分析教学法促进英语学习者推导未教授人体部位习语比喻义	
最基于认知和跨语言比较模式的概念理据分析教学法是最受欢迎的习语教学法	

第三节 实验一的教学启示

一、选择适合的习语

英语习语数量庞大,因此,教学中选择什么习语才能总体上提高英语学习者的语言能力是习语教学和习得研究关注的重要课题。根据 Liu(2008),用于教学的习语要符合以下5个标准:①

1. 学生的需要

所选择习语应适合学习者各自的学习目标,有益于他们成功完成交际任务。

2. 用途和出现频率

在特定语境内,出现频率越高的习语用途越广,因此应该先选择出现频率高的习语。

3. 适宜性

选择适合语境和学习者的习语,习语能否正确使用很大程度上取决于语境和语域。

---

① Liu, D. *Idioms, Descriptions, Comprehension, Acquisition, and Pedagogy* [M]. New York: Routledge, 2008.

4. 易学

从易到难是成功学习不变的原则,所以应先选择简单易懂的习语,再过渡到复杂难懂的习语。

5. 认知能力和年龄因素

学习者的认知能力和年龄与习语理解程度密切相关。Douglas 和 Peel's (1979) 的研究表明,6 岁以下的母语人士难以理解母语中的隐喻习语,即便 10 到 11 岁的母语人士也不容易理解谚语习语。所以,可以合理假设外语学习者需要更长时间培养认知外语习语特定概念的能力。

本研究选择的人体部位习语适合高级英语学习者学习,原因如下:

(1) 如 Kövecses 表述,所有语言中都有身体部位习语,也就是说,人体部位始源域比其他始源域更有能产性,而且包含人体部位习语的比喻性习语比其他习语的使用频率高。所以,人体部位习语数量大、使用频率高,是应该重点选择的习语。

(2) 外语学习者可以参照自己的身体部位和身体经验来理解人体部位习语。

(3) 人体部位习语的字面义和比喻义相差很大,学习者需要一定程度的认知能力和语言熟练度才能理解这种语义的延伸。对外语没有一定认知能力和语言熟悉度的外语学习者无法理解这些人体部位习语。

除上述选择标准,选择习语时还需注意两点:二语习语的语义透明度;二语习语和母语习语的相似度。

(1) 二语习语的语义透明度。语义透明的习语更适合初次接受认知理据分析和跨语言比较教学法的初级和中级学习者,语义不太透明或不透明的习语都不适合。如 *slap in the face* 和 *face the music* 虽然都包含人体部位 face,但 *slap in the face* 的语义比 *face the music* 透明,因为前者的字面义与比喻义之间的联系更为密切,所以外语学习者更容易理解语义较透明的 *slap in the face*。而 *face the music* 的字面义到比喻义需要很多的概念加工,语义很不透明,所以二语学习者很难理解。运用概念理据分析法教学时,应该先学习容易理解的习语(即语义透明),然后学习较难理解的习语(即语义较不透明),使二语学习者习惯于循序渐进地"分析"习语意义。

(2) 二语习语和母语习语的相似度。外语学习者更易理解那些语言形式和语义概念上与母语习语相同或相似的二语习语，运用认知理据分析和跨语言比较进行习语教学时应该先学习这种类型的习语，Cooper（1998）和 Irujo（1986）也表达了相同的观点。

二、重视理据分析

应用认知语言学研究（Boers，2000a，2000b；Boers 和 Demecheleer，2001；Boers 等，2004；Charteris-Black，2002；Deignan 等，1997；Kövecses 和 & Szabó，1996）结果证实：大量英语习语并非任意的语言结构，而是具有可分析性的比喻表达式。实验一结果表明，大多数人体部位习语的语义理据源于隐转喻互动。所以，要运用基于认知和跨语言比较模式的理据分析教学法进行二语习语教学，首先就要使二语学习者了解概念隐喻和概念转喻之间的本质差异。Kövecses（2002）认为，尽管概念知识对二语习语的理解非常重要，但很多外语教师并不理解这种重要性，在习语教学中只关注习语的表层结构而不是给学生分析习语的底层结构。如果把习语的语言结构与底层概念机制割裂开来，二语学习者便只能凭借机械记忆而不是理据分析来理解习语。因此，让外语教师了解习语的可分析性是二语习语教学成功的关键。只有外语教师在习语教学过程中正确运用概念理据分析法，帮助学生理解并使用概念理据加工习语，基于认知和跨语言比较模式的概念理据分析教学法才能成功应用于二语习语教学。

外语教师分析习语概念理据时要注意以下三点：第一，要给学生详细讲解相关概念知识，强调习语的概念理据。如分析含有 heart 的人体部位习语时，首先让学生把 heart 看作一个概念，就如何理解 heart 概念进行讨论；第二，学习含有 heart 概念的习语，帮助学生弄清如何把 heart 概念与习语的语言结构和语义系统联系起来；第三，给学生讲解概念隐喻和概念转喻知识，帮助学生理解相关示例。如学习习语 *your heart hardens*，*your heart bleeds for someone* 和 *open your heart* 等含有 heart 的习语时，教师可先介绍概念转喻 heart for ability to feel（"心"指代"感受能力"），帮助学生发现底层概念和习语语义之间的关系（概念理据）。

三、运用跨语言比较分析

语言和文化的差异往往造成二语习语和母语习语的概念理据差异，这也是二语习语教学中需要关注的问题。

相关研究结果表明，二语和母语习语的概念理据主要存在三种对应情况：

第一种：二语习语中的概念系统在学习者的母语习语中不存在。母语概念缺省是外语学习者理解加工二语习语的障碍（Boers 和 Demecheleer，2001；Boers 等 2000；Charteris-Black，2002）。

第二种：二语习语和母语习语中的概念系统相同。二语学习者容易理解与母语习语概念系统相同的二语习语。

第三种：二语习语与母语习语的概念系统是相似的。这种对应形式最复杂，因为两种语言习语的概念系统尽管相似，但相似的概念系统在不同文化中有不同的理解，因此体现概念系统的语言结构也不同。Barcelona（2001）谈到二语习语教学中概念隐喻系统的对比分析时说："两种语言很少以相同的语言形式表现相同的概念隐喻，所以我们有必要找出这种差异并对其进行详尽的描写和对比"。[①]

概念理据分析教学法的目的是使教师引导二语学习者对二语习语和母语习语的概念系统和语言形式进行比较。本书对英汉人体部位习语的跨语言比较研究表明，英汉习语之间存在 5 种对应形式（附录十）。本研究实验结果证实，汉语母语的英语学习者最容易理解概念系统和语言形式都与汉语相同的对应类型 1。Charteris-Black 也有相似的研究结果，即马来西亚英语学习者发现，与马来语习语概念系统和语言形式相同的英语习语最容易理解。因此，根据从简到繁、从易到难的学习规律，教师应该先让学生学习类型 1 习语。此外，由于类型 1 习语的概念系统和语言形式都与学习者母语习语相似，所以学习者可以运用母语知识轻松掌握二语习语的语言形式和比喻义，这种成就感在学习习语的初始阶段非常重要。本研究实验结果显示，英汉语人体部位习语的五种对应类型根据英语高级学习者的理解难度从简到难依次排列为：类型 1、类型 3、类

[①] Barcelona, A. *On The Systematic Contrastive Analysis of Conceptual Metaphors: Case Studies and Proposed Methodology* [M]. Berlin/New York: Mouton de Gruyter, 2001: 117–146.

型 4、类型 5、类型 2。也就是说，教师应该让二语学习者依次学习类型 1、类型 3、类型 4、类型 5，最后是类型 2 习语。

总之，跨语言比较是运用概念理据分析教学法的前提。二语和母语习语的比较能够使二语学习者意识到母语习语和二语习语在概念系统和语言形式上的异同，从而促进二语学习者理解记忆二语习语的比喻义。

四、组织二语习语

要想习语教学有效进行，就要使用合理的方式组织习语，那么使用什么方式组织习语能使学习者更容易地理解和记忆习语呢？首先，我们简要介绍几种英语教材和习语专项训练中常用的习语组织方式及其各自的优缺点：

1. 语法结构

a. 短语动词（*give in*，*come across*）

b. 动词加名词结构（*jump the gun*，*bite the bullet*）

c. 介词短语（*down the train*，*in hot water*）

d. 非标准形式短语（*by and large*，*all in all*）

e. 完整句（*What's up?*）

优点：可用不同的学习策略掌握不同的结构。

缺点：过于广义，看不出语法结构和习语之间的联系。此外，很多习语都可以同时属于其中任何一个范畴。

2. 语法功能（词性）

a. 名词性的（*back-seat driver*，*chip off the old block*）

b. 动词性的（*give in*，*dropped the ball*）

c. 形容词性的（*fair and square*，*under the weather*）

d. 副词性的（*hand in glove*，*by and large*）

优点：对习语词性的了解便于语法准确地使用习语。

缺点：有些习语，如 *fair and square*，有多种语法功能，既可作形容词也可作副词，容易引起学习者的困惑。

3. 词源

a. 源于动物（*smell a rat*，*dog in a manger*）

b. 源于食物（*a piece of cake*，*half-baked*）

c. 源于农业（*cream of the crop*, *a needle in a haystack*）

d. 源于音乐（*low key*, *face the music*）

优点：了解习语的词源可促进学生理解和记忆习语。

缺点：有相同词源的习语可能会互相干扰，给学生造成困惑。

4. 主题

a. 困难/问题（*a pain in the neck*, *a hard nut to crack*）

b. 放弃努力（*throw in the towel*, *raise a white flag*）

c. 一致（*see eye to eye*, *be on the same page*）

d. 健康（*under the weather*, *back on one's feet*）

优点：只对掌握习语较多的学生起作用。

缺点：不适合应用于教学，很多习语同时属于许多特定的主题。

5. 活动

a. 约会（*go steady*, *hit it off*）

b. 出去吃（*go dutch*, *pick up the tab*）

c. 上床睡觉（*turn in*, *sleep tight*）

d. 学习（*burn midnight oil*, *stay up late*）

优点：课堂教学可以集中在一个话题上且基于话题的词汇学习有益于词汇学习。

缺点：用于同一话题的若干习语在语义上存在的差异让学习者困惑。

外语教师在运用基于认知和跨语言比较模式的概念理据分析教学法时应以理据分析的方式组织习语。

6. 理据分析

a. 习语概念的源域和目标域（隐喻习语）

b. 理想认知模式（转喻习语）

c. 隐喻转喻互动（含有隐喻和转喻的习语）

以下是运用概念理据分析教学法组织习语例示（引自 Kövecses，2001）[①]：

[①] Kövecses, Z. *A Cognitive Linguistic View of Learning Idioms in an FLT Context* [M]. Berlin/New York: Mouton de Gruyter, 2001: 94, 95, 144.

1）隐喻表达式。

LOVE IS FIRE 爱是火

I'm **burning** with love.

She **carries a torch** for him.

The **flames are gone** from their relationship.

CONFLICT IS FIRE 冲突是火

The killing **sparked off** the riot.

The country was **consumed** by the **inferno** of war.

They **extinguished the last sparks** of the uprising.

2）转喻表达式。

THE AUTHOR FOR THE WORK 作者指代作品

I'm reading **Shakespeare**.

She loves **Picasso**.

Does he own any **Hemingway**?

THE PLACE FOR THE INSTITIUTION 处所指代机构

Washington is negotiating with **Moscow**.

The **White House** isn't saying anything.

Wall Street is in a panic.

3）隐喻转喻互动表达式。

转喻：**EYE FOR ATTENTION** 眼睛指代注意力

Cast an eye on something

隐喻：检查某物就是把某件别的东西扔在某物上。

Can't take your eyes off someone

隐喻：停止看就是把某物从某物上拿开

除运用上述概念理据分析教学法组织习语外，英汉习语之间的 5 种对应类

117

型反映了习语概念理据和语言形式上的相似和差异,这种不同语言习语之间的相似和差异也可用于组织习语。实证研究结果也表明,这种组织方式可促进学习者理解二语习语。

总之,运用概念理据分析教学法教学习语时首先要给二语学习者讲解概念隐喻和概念转喻,然后在此基础上对二语和母语习语的概念理据进行比较分析。

第四节　实验二的教学启示

一、启发探究式学习

(一) 利用语境推导语义

二语学习者常使用语境知识推导未教授习语意义(Bulut 和 Celik-Yazici, 2004;Cooper, 1999),尤其是比喻习语的语义。

根据徐知媛、王小潞(2014),"利用上下文语境知识是中国英语学习者理解隐喻时使用最多的策略。语境能提供相关信息,促进信息理解。隐喻往往出现在词组、句子、语篇之中,因为其字面意义与隐喻意义的冲突,语境显得尤为重要"。[①]

Nation(1990)认为,推导未教授习语语义和推导未教授单词的词义一样,都可以使用他设计的"渐进式词汇推导法"。第一步:仔细观察习语,了解它的语法功能;第二步:观察习语所处的即时语境(即习语所处的从句和句子);第三步:观察习语所处的大范围语境(邻近的句子或段落)。

教师可以指导学生运用上述方法推导习语语义。教师先把要教给学生的习语置于上下文中(即特定语境中),让学生根据习语所处的语篇环境推导习语语义。给习语设定语境的方法有两种:第一,教师自编短文或段落,把要教授的习语均衡分布在短文或段落中;第二,随着语料库的普及,从语料库或其他真实语言材料中选取所需语料。

[①] 徐知媛,王小潞. 中国英语学习者的隐喻理解策略及理解模型建构[J]. 外语教学与研究, 2014(1):104.

上述两种方法中，从语料库中选取真实语言材料比教师自编短文或段落更可取一些，因为后者是自编的材料，未必适合习语学习。但是，根据 Liu（2008），使用真实语言材料时需要根据学生的语言能力和教学目的对语料做相应的改动。

（二）利用语用知识推导语义

相关研究结果显示，二语学习者有时仅凭语境信息还不能推导出习语语义，还需要凭借语用知识策略。根据 Grant（2007），二语学习者推导比喻习语语义时，应首先根据习语语境理解习语字面义，如果字面义并非习语真实语义，他们就会运用语用知识重新理解习语并推导习语的真实语义。

外语教师在教学中要指导学生学习运用语用知识理解习语语义。一般来说，学生理解习语时首先是理解习语字面义，然后才根据需要运用语用知识理解习语比喻义。所以，教师要保证学生运用语用知识之前理解习语构成词的意义以及习语字面义。此外，根据 Boers（2000），先理解字面义，再推导比喻义会促进学生理解并记忆习语。

二、概念发现学习

（一）意象发现

"意象是人类认知的基本成分之一，是概念内容在大脑中形成的构思方式。对语义的描述离不开意象，每一个表达式都有一个伴随的意象构造其概念内容。不同的语言表达式可以以不同的意象去构思观察到的同一情景，从而形成不同的概念内容"。[①] 具有高度意象性的习语很适合用于习语教学。人体部位习语属于有高度意象性的习语，所以本研究选择人体部位习语作为实验内容。

教师教学高度意象性习语时，应该鼓励学习者首先根据构成词来推导习语意义。以 *break one's heart* 为例，构成词即 *break* 和 *heart*，再根据习语语境来检验所推导语义是否正确，最后由教师来证实推导正确与否。如果学习者推导基本正确，教师应继续引导他们把习语义完全推导正确并解答学生在推导习语

---

① 赵艳芳. 认知语言学概论［M］. 上海：上海外语教育出版社，2011.

义过程中的疑难困惑。Boers 和 Demecheleer（2001）提出，对意象性习语理解不正确的原因是不同文化中有不同的规约化意象。换言之，某一文化中简单而突显的意象在另一种文化中可能并非如此。这种跨文化差异是影响二语习语理解的一大障碍。以 *break one's heart* 为例，一些二语学习者联想到的规约化意象可能和英语母语人不一样，在他们的文化中，"心"的规约意象可能不是"感情之所在"。因此，二语习语学习者有必要了解与二语习语相关的规约化意象。

（二）英汉习语比较发现

教师在习语教学中应用跨语言比较模式进行英汉习语比较时应选择那些：①在汉语习语中有相同对应形式的英语习语。②与汉语习语语言形式完全相同但语义不同的英语习语（概念差异）。③与汉语习语语义相似但语言形式不同的英语习语。④汉语习语中概念缺省而英语习语中独有的英语习语。教师要特别关注②和④，因为这两类习语都有在概念层面上引起的语义差异。

课堂教学中教师可以让学生思考汉语中是否存在与②和④两类英语习语语言形式相似的汉语习语，如果学生能说出来这些汉语习语，就请他们继续解释这些汉语习语的语义。这样，学生就必须把相关的汉语概念知识和英语概念知识进行比较。最后，让学生根据汉语习语的语义推导英语习语的语义。

把未教授英语习语和与其在某方面相关的汉语习语相联系的过程会"促进认知分析活动，而这种认知分析活动将在学习者大脑中建立一个二语习语库，学习者通过母语和二语的语义相关性把二语习语库与储量更大的母语习语库相联系"（Lennon，1998）。[①] 设计英汉习语的比较模式和归纳英汉习语之间在概念系统和语言形式上可能出现的对应类型可促进习语的概念学习。

第五节 实验三的教学启示

一、运用课堂用语教学习语

研究三实验结果表明，运用概念理据分析教学法比传统习语教学法更能有

[①] Lennon, P. Approaches to the Teaching of Idiomatic Language [J]. *IRAL*, 1998 (36): 22 – 23.

效促进学习者理解二语习语,这说明在二语习语教学中运用概念理据分析教学法是可行的。但如何在二语课堂教学时间少、教学任务大的情况下利用有限的时间进行习语教学呢?

Liu(2008)提出,在英语课时有限的情况下,为节省时间来学习习语,教师可以在教学指令或课堂用语中使用英语习语。这样做可增加学生在自然交际过程中接触习语的机会,而在自然交际情景中习得词汇的方式一直都是词汇学习的理想模式。此外,根据Perez(1981),课堂教学用语中使用习语有助于提高学生的口语技能和阅读能力,从而整体上提高他们的二语语言能力。

教师在课堂教学中运用上述方法时要注意,尽量把课堂用语中用到的新习语解释清楚,在课堂用语中尽量不要使用难度较大或生僻的习语,以免影响学生的课堂学习。Liu(2002)的研究表明,教师可通过定义习语、描述习语、解释习语来解释课堂用语中用到的新习语,帮助学生理解新习语的语义。

二、习语课堂教学模式设计

(一)习语教学中应用概念理据分析教学法的前提

本研究实验结果表明,基于认知语言学和跨语言比较的概念理据分析教学法是一种可行而有效的习语教学方法。那么,教师如何能在运用上述方法的教学过程中吸引学习者的学习兴趣,达到良好的教学效果呢?这就要求教师在教学之前先要了解以下3点:

(1)根据问题学习法(PBL)设计习语教学方法,尽可能地包含图解、演示,提出的问题要由浅入深。与认知语言学认知理据相关的底层理论假设都不是学习者感兴趣的范畴,不需要详细讲解。

(2)教师要让学生知道,新的习语教学法鼓励他们理解和运用习语结构,但不支持他们自己创造习语结构和杜撰习语。一般来说,学习者一旦了解了习语的底层模式,就会认为习语的底层概念到语言表层形式的过程遵循着简单的转换规则,从而就可能根据这种转换规则来自己创造习语。根据Lam(2003),教师应明确告知学生,并非所有的语言概念都能成为可接受语言形式的底层概念。与底层概念系统所能生成的所有语言表层形式相比,可接受的表层语言形式只是一小部分。

（3）尽管新的习语教学法可行、有效、值得推广，但并不是说就可以完全取代任何其他的词汇教学法，教师应根据教学目的和教学时间合理运用不同的习语教学方法。

以下介绍三种基于认知语言学的习语教学法，教师可根据具体情况选择适合的方法。

（二）基于认知的三种习语教学法

1. 概念转喻教学法

概念转喻教学法适用于英语课程时间有限，不能用整节课时间进行习语教学的情况。以下教学过程仅运用了概念转喻，花费时间较少，适合英语能力和认知能力处于初级到中级水平的英语学习者。此外，在课堂用语中使用习语的教师可以在解释新习语时运用概念转喻法。以下以人体部位词"head"为例介绍概念转喻教学法。

第一步："head"的功能

引导学生讨论并说出 head 的功能特征，功能在这里不只是指生理上的功能。

人体部位	功能特征
head	?
	?

第二步：介绍概念转喻

教师总结学生的讨论结果，讲解 head 的转喻用法。Head 指代"*controlling emotions*（控制情绪）"和"*thought*（思考）"，即：

HEAD FOR CONTROLLING EMOTIONS （"头"指代"控制情绪"）

HEAD FOR THOUGHT （"头"指代"思考"）

人体部位	功能特征
head	head for controlling emotions （"头"指代"控制情绪"）
	head for thought （"头"指代"思考"）

第三步：习语的概念转喻分析

这是概念转喻教学法最重要的一个教学步骤。教师用学生前面学过的概念转喻知识来组织教学 head 部位习语。教师首先鼓励学生根据 head 概念转喻和 head 部位习语构成词推导习语语义。人体部位习语是意象性习语，习语中的人体部位和其他构成词都有助于学生推导习语语义，不管推导结果正确与否，这种习语加工过程都能够加深学生对习语的理解。

Head for controlling emotions（头指代控制情绪）		Head for thought（头指代思考）	
head 部位习语	例句和语义	head 部位习语	习语语义
keep your **head**	?	put ideas into one's **head**	?
soft in your **head**	?	get your **head** around	?
laugh your **head** off	?	off the top of your **head**	?

第四步：习语的比喻义

把 head 部位习语置于语境中，让学生凭借更多语篇信息再次推导习语语义或确认之前的推导。

Head for controlling emotions（"头"指代"控制情绪"）		
head 部位习语	习语例句	习语语义
keep your head（保持镇静）	John **kept his head** when he saw a rat under the table.	keep calm
soft in your head（脑子有毛病）	Being informed of winning the lottery, Jack was **soft in his head**.	a bit crazy and lose control
laugh your head off（大笑不止）	Everyone in the sitting room is **laughing their heads off**, which makes it impossible for me to concentrate on my study.	laugh very loudly and for a long time

Head for thought（"头"指代"思考"）		
head 部位习语	习语例句	习语语义
put sth. out of your head	I am not going to let you go to the party, so you can **put that idea out of your head**.	stop thinking about or wanting sth.
get your head around	I just can't **get my head around** what's happened. It's been such a shock!	come to fully accept or understand something
off the top of your head	**Off the top of my head**, I couldn't tell you where they live.	without thinking about something for very long

第五步：巩固练习

在第四步，学生已经知道了 head 部位习语的语义。第五步的目的是巩固学生前面所学过的习语知识，使他们不但理解而且能够正确使用这些习语。建议教师在这一步运用传统词汇学习方法，如填空练习和改写练习来训练学生运用习语的能力。此外，教师还可自编短文或使用语料库真实语言材料来训练学生掌握和运用已经教授过的习语，利用语境学习习语既可巩固学生学过的习语知识，又能促进学生理解和记忆学过的习语。

2. 概念转喻和概念隐喻教学法

概念转喻和概念隐喻教学法花费时间较多，因为教师需要花时间来给学生讲解概念转喻以及概念隐喻知识。这种教学法要运用两个认知机制，只适用于语言水平和认知能力较高的学生。

第一步：heart 的功能

引导学生说出 heart 的功能，功能在这里不一定只是指生理上的功能。

人体部位	功能特征
heart	?
	?
	?

通过第一步，学生们知道 heart 通常指代①情感。②中心。③决心。

第二步：介绍概念转喻

教师给学生讲解 heart 的概念转喻：

Heart for feelings（"心"指代情感）

Heart for determination（"心"指代决心）

Heart for center（"心"指代中心）

人体部位	概念转喻
heart	heart for feelings（"心"指代"情感"）
	heart for determination（"心"指代"决心"）
	heart for center（"心"指代"中心"）

第三步：介绍概念隐喻

引导学生思考有关 heart 的隐性知识：①分享情感。②感觉焦虑或悲伤。介绍概念隐喻：

Sharing your feelings is showing what is in your heart（分享情感是展示内心）

Being sad is doing something bad to your heart（悲伤是对心做不好的事）

人体部位	概念隐喻
heart	*Sharing your feelings is showing what is in your **heart***（分享情感是展示你的内心）
	*Being sad is doing something bad to your **heart***（悲伤是对心做不好的事）

第四步：介绍隐喻转喻互动

根据概念转喻和概念隐喻组织 heart 习语。时间允许的话，要求学生推导 heart 部位习语的语义。如果没时间可省略。

转喻：**Heart for ability to feel**		转喻：**Heart for ability to feel**	
隐喻：*Sharing your feelings is showing what is in your **heart***		隐喻：*Being sad is doing something bad to your **heart***	
heart 习语	习语语义	heart 习语	习语语义
open your **heart**	?	break your heart	?
pour your **heart** out	?	your heart sinks	?
from your bottom of your **heart**	?	cry your heart out	?

第五步：习语的比喻义

要求学生推导 heart 部位习语的语义。把习语置于语境中，让学生凭借更多语篇信息推导习语语义或确认之前的推导。

转喻：**Heart for ability to feel**		
隐喻：*Sharing your feelings is showing what is in your heart*		
heart 习语	习语例句	习语语义
open your **heart**	Tony **opened his heart** to me and told me what he had been suffering.	share your deepest feelings
pour your **heart** out	Susan **poured her heart out** to me. I wished I could help her.	Tell sb. all about your troubles, feelings

续表

转喻：Heart for ability to feel		
隐喻：Being sad is doing something bad to your heart		
heart 习语	习语例句	习语语义
break your **heart**	It **breaks my heart** to see the refugees on the news.	make someone very sad
your **heart** sinks	Whenever I see those kids in the orphanage, my **heart sinks** and I can't stop crying	start to feel sad or worried

第六步：巩固练习

这一步可以使用传统习语教学法，如填空练习和改写练习巩固学生前面学过的习语。此外，教师可自编短文或使用语料库为习语设计语境，把习语置于语境中，让学生学习正确运用学过的 heart 部位习语。

3. 概念理据分析教学法

概念理据分析教学法运用了认知语言学的概念隐喻和概念转喻以及跨语言比较模式。

为方便描述，我们把要教学的习语分为两组。第一组主要以类型 1 和类型 3 习语为例讨论英汉习语比喻义的异同。类型 1 习语最可能引起母语正迁移，类型 3 习语最可能引起母语负迁移。第二组习语的教学过程从第六步起与第一组习语的教学过程开始不同。除讲解英汉语人体部位习语的比喻义外，还以 5 种对应类型习语为例讲解英汉语人体部位习语概念系统的相似和差异。

（1）第一组习语教学活动：

第一组包括对应类型 1 和类型 3 习语。类型 1 最有可能引起母语正迁移，类型 3 最有可能引起母语负迁移。

类型	语言形式	修辞意义	概念转喻	概念隐喻
1	相等的	相等的	相等的	相等的
3	相等的	不同的	相等的	不同的

第一步：heart 的功能

引导学生说出 heart 的功能。功能在这里不一定只是指生理上的功能。

人体部位	功能特征
heart	?
	?
	?

这个步骤结束时，学生们知道 heart 通常指代①情感。②中心。③决心。

第二步：介绍概念转喻

教师给学生写出 heart 的概念转喻。

heart for feelings（"心"指代"情感"）

heart for determination（"心"指代"决心"）

heart for center（"心"指代"中心"）

人体部位	概念转喻
heart	heart for feelings（"心"指代"情感"）
	heart for determination（"心"指代"决心"）
	heart for center（"心"指代"中心"）

第三步：概念转喻理据分析

根据概念转喻理据分析习语，要求学生参考习语构成词猜测习语语义。

heart for ability to feel（"心"指代"感觉能力"）	
heart 习语	习语语义
have a **heart** of stone	?
heart and soul	?
your **heart** is not in it	?
your **heart** bleeds for someone	?
open your **heart**	?
your **heart** hardens	?

第四步：翻译习语

要求学生在上述 heart 部位习语右边用英语写出习语的语义，再逐词把英语习语翻译为汉语。要求学生按字面义翻译习语，翻译时不要参照用英语写好的习语语义。

127

heart for ability to feel（"心"指代"感觉能力"）	
heart 习语	字面义
have a **heart** of stone	铁石心肠
heart and soul	全心全意
your **heart** is not in it	心不在焉
your **heart** bleeds for someone	心血来潮
wear your **heart** on your sleeve	穿心
your **heart** hardens	心硬
pour your **heart** out	倾心

第五步：跨语言比较

教师帮助学生整理英语习语的汉语译文，要求学生比较英汉对应习语的语义，搞清楚英汉对应习语的比喻义是否相同。

heart for ability to feel（"心"指代"感觉能力"）		
heart 习语	汉语释义	语义比较
have a **heart** of stone	铁石心肠	英汉语义相同
heart and soul	全心全意	英汉语义相同
your **heart** is not in it	心不在焉	英汉语义相同
your **heart** bleeds for someone	心血来潮	英汉语义不同
wear your **heart** on your sleeve	穿心	英汉语义不同
your **heart** hardens	心硬	英汉语义不同
pour your **heart** out	倾心	英汉语义不同

第六步：跨语言比较分析

这是教学过程中很关键的一步。学生需要搞清楚哪些英汉对应习语比喻义相同，哪些英汉对应习语的比喻义不同。要求学生对上述英汉习语归类，有相同比喻义的归为一组，不同比喻义的归到另一组。

heart for ability to feel（"心"指代"感觉能力"）

比喻义相同的英汉习语

语言形式相同	概念转喻相同	比喻意义相同
heart 习语	汉语释义	语义比较
have a **heart** of stone	铁石心肠	英汉语义相同
heart and soul	全心全意	英汉语义相同
your **heart** is not in it	心不在焉	英汉语义相同

比喻义不同的英汉习语

语言形式相同	概念转喻相同	比喻意义不同
heart 习语	汉语释义	语义比较
your **heart** bleeds for someone	心血	英汉语义不同
wear your **heart** on your sleeve	穿心	英汉语义不同
your **heart** hardens	心硬	英汉语义不同
pour your **heart** out	倾心	英汉语义不同

第七步：理据分析

可否使用概念理据分析教学法取决于课堂时间是否充裕，理据分析可加深学生对二语习语的理解程度。

第八步：巩固练习

给学生提供习语语境，练习和巩固学生所学过的习语。

（2）第二组习语教学活动：

第二组习语的教学过程中也运用了概念隐喻、概念转喻和跨语言比较（表5－5－1）。

第一组中提到的第一步到第五步与第二组相同，此处省略。

第六步：英汉语人体部位习语跨语言比较分析

表5－5－1 英汉语人体部位习语跨语言比较

类型	语言形式	修辞意义	概念转喻	概念隐喻
	相等	相等	相等	相等
1	**feet** on the ground			脚踏实地
	know something like the back of one's **hand**			了如指掌
	have a **heart** of stone			铁石心肠
	heart and soul			全心全意
	skin and **bones**			瘦骨伶仃

续表

类型	语言形式	修辞意义	概念转喻	概念隐喻
2	相似（仅身体部位相同）	相等	相等	不同
	have a **foot** in both camps a bag of **bones** have eyes in the back of your **head** open your big **mouth** have two left **feet**			脚踩两只船 骨瘦如柴 眼观六路 多嘴多舌 笨手笨脚
3	相等	不同	相等	不同
	your **heart** bleeds for something have the upper **hand** over somebody wash your **hands** of something get your **hands** on something have a **bone** in one's throat			心血来潮 上下其手 洗手奉职 手到擒来 骨鲠在喉
4	相似（仅身体部位相同）	不同	相等	不同
	soft in the **head** with one **hand** tied behind your back the apple in your **eye** a change of **heart** wear your **heart** on your sleeve off your **hands**			木头木脑 一手包办 眼中钉 口是心非 心心相印 人多手杂
5	不同（仅身体部位不同）	相等	不同	不同
	foam at the **mouth** all **hands** on deck get cold **feet** keep your **eyes** peeled on every **hand** talk through the back of one's **head** lose your **head**	目眦欲裂		怒发冲冠 同心协力 心惊肉跳 小心谨慎 四面八方 信口开河 心烦意乱

第七步：习语比喻义和理据分析

讲解第二组习语的比喻义和概念理据，运用概念转喻和隐喻及跨语言比较模式对 5 种对应类型的英汉语人体部位习语进行理据分析。

类型 1：

转喻：	Eyes For Attention
隐喻：	To Stop Looking Is taking Something

续表

人体部位习语	习语语义	汉语对应形式
can't take your **eyes** off someone	If you **can't take your eyes off someone** or something, you find it hard to look at anything else.	目不转睛

类型 2：

转喻：Foot For standpoint
隐喻：Having Different Standpoints Is A Foot In Both Camps

人体部位习语	习语语义	汉语对应形式
have a **foot** in both camps	Be involved with two separate groups that have different ideas.	脚踩两只船

类型 3：

转喻：Hands For Control
隐喻：Getting Something Is Putting Hands On It

人体部位习语	习语语义	汉语对应形式
get your hands on something	If you get your hands on something you want or need, you succeed in obtaining it.	手到擒来

类型 4：

MY：Hand For Doing Something
MR：Restricting Somebody's Ability Is Tying Them Up

人体部位习语	习语语义	汉语对应形式
with one **hand** tied behind your back	If you say you can do something with one hand tied behind your back, you are emphasizing that you can do it very easily.	一手包办

类型 5：

MY：Hand For Control
MR：Having A Harsh Treatment Of Someone Is Having An Iron Hand

人体部位习语	习语语义	汉语对应形式
an iron **hand** in a velvet glove	If someone has an iron hand in a velvet glove, he has a harsh treatment of sb. that is hidden behind a gentle manner.	口蜜腹剑

第八步：巩固练习

教师提供习语语境，让学生通过填空、改写或其他练习形式巩固所学过的习语。

第六节　概念理据分析教学法的应用范围

综上所述，概念理据分析教学法适用于英语习语教学。第一，这一方法可以有效组织习语教学；第二，可促进习语的理据分析和英汉语比较分析；第三，运用认知语言学方法理解习语；第四，可作为参照编写更适用的习语教材。

本书作者希望能把这种习语教学法应用到语言学习的其他方面。正如前文中提过，语言本质上是概念的。换言之，人类对世界的体验和概念化世界的方式反映在语言的各个方面，如词汇、短语、句法、语篇、语用学和修辞。此外，语言之间普遍存在差异，以英汉语人体部位习语的差异为例，这些差异事实上就是概念系统的差异。外语学习者学习不同语言时遇到的问题经常是由于对外语概念系统的不了解所导致的，而概念系统是表层语言形式的底层结构。传统外语教学都只关注语言形式，很少关注语言概念，导致外语学习者难以掌握地道的目标语。

许多研究者尝试把基于认知和跨语言比较模式的概念理据分析教学法应用于习语以外的其他语言教学方面。Danesi 认为，概念理据分析教学法也适用于二语写作教学。二语写作教学水平的提高要求二语学习者学会如何运用第二语言，根据语言的文化特异性来组织观点。此外，Danesi（2000）还提到二语语法教学中也可以使用理据分析。比如，把时间作为 POINT 和 DURATION 概念分别用于 *since* 和 *for* 的词汇教学中，有助于学习者正确使用 *since* 和 *for*。总之，从词汇到短语、语篇和修辞等二语教学的许多方面都有可能用到基于认知和跨语言比较模式的概念理据分析教学法。此外，基于认知和跨语言比较模式的理据分析教学法也可用于对外汉语教学中汉语和外语的跨语言比较理据分析。

第六章 结 语

本章总结了研究的不足之处和有待研究的空间，回顾了本文研究人体部位习语的认知语言学和应用语言学发现，指出本研究没有关注到的和认知语言学概念相关的其他教学领域；从二语习语的教学和学习角度提出一些值得今后进一步深入调查和研究的课题及方向。

第一节 不足和有待研究的空间

本研究使用的语料是选自英汉词典中的与10个人体部位相关的英汉语人体部位习语。所选10个人体部位在英语隐喻表达式中的出现频率很高，而且也为大家所熟知。但还有一些与众所周知的主要人体部位如鼻、耳、脑、腿、指等相关的英汉习语在研究中没有涉及，后续研究中可考虑拓宽人体部位习语的语料范围。

此外，本次研究中的汉语习语仅限定为四字格的人体部位成语，其他很多包含人体部位的惯用语如三字格的"嚼舌头""咬耳朵""做手脚"以及四字格或四字格以上的如"一个巴掌拍不响""心肝宝贝""急来抱佛脚"等都没有纳入研究范围，这些惯用语也是相对固定的词组，而且其意义大多是比喻性的，具有口语化的色彩。后续研究中可以放宽跨语言比较的范围，把英语人体部位习语或其他类型的习语与上述汉语表达形式进行比较，找出它们在语言形式和概念系统上的异同。

由于一些理论和方法上的原因，本研究仅选择了人体部位习语作为研究对象。然而，要了解二语学习者的词汇记忆和对二语概念系统的熟悉度，仅调查人体部位习语未必完全具有代表性。希望后续研究中把调查范围扩大到其他具有能产性始源域的习语，如颜色、植物、动物等。

本研究调查的人体部位习语都来自英汉习语词典。过去几年中，在线语料库和分析工具的建立使基于语料库的各项研究开始普及。由于基于语料库的研究需要大量真实语料，所以适用于大规模的两个或两个以上语种语言现象的对比研究。因此，除词典提供的习语语料外，后续研究可以使用语料库中真实的语言文本作为数据库，通过实证分析来对比研究英汉习语。

此外，实验三中只有66个被试，分为控制组和实验组，每组33个人。但是，要得出一个有代表性的结论，样本数量显然远远不够。本研究做了一个大胆的假设，从有限的被试中收集到的信息能够证实概念理据分析教学法在二语习语教学和学习中的可行性和有效性。如果有更多的被试参与调查研究，得出的结论会更具有代表性，总的可信度也会加强。鉴于此，后续研究中可以考虑增加样本数量。

本研究没有考虑与学习者相关的变量，如语言水平和认知能力对实验结论可能会有多大程度的影响。本研究被试都是高级英语学习者，有较高的汉语和英语语言水平，而且具备成熟的认知能力。后续研究中将考虑把背景不同的被试作为研究对象，如语言水平不同、认知能力不同的被试等。研究不同背景的被试能了解基于认知和跨语言比较模式的概念理据分析教学法在习语教学中针对不同背景的二语学习者产生的不同教学和学习效果；还可以了解不同背景学习者的认知能力和语言水平对习语理解能力的影响程度。

本研究主要从认知语言学的角度研究二语习语的语义。对二语学习者来说，要成功使用习语交际还有必要了解习语的功能和隐含意义。因此，后续研究将考虑进一步从多方面研究习语，如习语的正式性和非正式性、语域和隐含意义等，从而扩展概念理据分析法的应用范围。

第二节 研究展望

从认知语言学的角度来说，概念转喻和概念隐喻作为底层的概念机制充当着联系习语比喻义和习语表层形式之间的桥梁，是习语概念理据的基础。尽管本研究主要是以英汉语人体部位习语为研究语料，但可以假设，其他语言中的人体部位习语或其他源域的习语也可以通过相似的方式进行概念理据分析。从应用语言学的角度来说，本研究已举例说明英汉语人体部位习语的跨语言比较有助于预测英汉习语对应类型。应用跨语言比较模式可使外语学习者意识到英汉习语在语言形式和概念系统上的相似和差异，促进其理解记忆英语习语。

本研究结果支持 Boers 和 Lindstromberg（2006）提出的"基于认知语言学的启发式语言教学法"和本研究提出的"基于认知和跨语言比较模式的概念理据分析教学法"在二语习语教学和学习中的应用。然而，本研究没有关注和认知语言学概念相关的许多其他教学领域，如：①扩展语言理据研究范围，从只关注意义与意义的联系到关注形式与形式的联系。②比较与二语学习者有关的变量，如语言水平、认知风格、认知能力以及它们对认知教学方式的影响。③认知教学方式在英语课堂教学中的实践应用。

此外，英语在中国主要作为第二语言或外语，所以，从习语的二语教学和习得角度来说，还有很多研究领域值得我们进一步深入调查和研究，如：①英语教师对英语习语教学所持态度或观点调查。②英语学习者对英语习语学习所持态度或观点。③英语习语的学习和运用情况调查。④影响习语理解和加工的因素调查。⑤习语理解和加工策略研究。⑥母语迁移、习语回避现象研究。⑦现有英语教材对习语的处理方式。

附　录

附录一：汉语人体部位习（成）语表

身/体/躯/躬

数目	汉语习（成）语	习（成）语释义	隐喻	转喻
1	安身立命	身：容身；生活有着落，精神有寄托	+	+
2	遍体鳞伤	浑身伤痕像鱼鳞一样密，形容伤势极重	+	+
3	引火烧身	引火烧自己，比喻主动向群众揭露缺点，争取批评帮助	+	+
4	大显身手	身手：本领；形容充分显示自己的本领	+	+
5	独善其身	原谓保持个人节操；后指只顾自己，不管他人	+	+
6	反躬自责	躬：身体，反过来责备自己	+	
7	芳兰竟体	竟：充满，兰香满身；喻指举止风流儒雅	+	+
8	粉骨碎身　粉身碎骨	身体粉碎，即死	+	+
9	奋不顾身	奋勇向前，不顾性命		+
10	功成身退　身退功成	功业成就后，就退隐家园	+	+
11	孤身只影	孤单无亲友	+	+
12	浑身是胆　一身是胆	胆量极大，无所畏惧	+	
13	浑然一体	浑然：混同而不可分的样子；融合成一个整体		+
14	魂不附体	灵魂脱离了肉体；形容惊恐之极	+	
15	以其人之道，还治其人之身	就用那个人对付别人的办法对付他本人		+
16	量体裁衣	按身材裁剪衣服；比喻按实际情况办事	+	

续表

数目	汉语习（成）语	习（成）语释义	隐喻	转喻
17	身体力行	身：亲身；指亲身体验，努力实践		+
18	孑然一身	孑：孤单，孤独；孤单一人		+
19	洁身自好　洁身自爱	保持自身清白，不同流合污	+	+
20	捐躯报国	舍弃身躯，报效国家		+
21	立身处世	在社会上自立及与人们相处往来		+
22	立身扬名	修养自身，以求声名远扬		+
23	卖身投靠	出卖自己，投靠有财有势的人		+
24	明哲保身	原指明达事理，保全自身；后指为个人得失丧失原则的处世之道		+
25	牵一发而动全身	比喻改动一个极小的部分就会影响全局	+	+
26	杀身成仁　杀身成义	为成全仁德，可以不顾生命；后指为维护正义事业而牺牲生命	+	+
27	设身处地	设想自己处在别人的那种境地；指替别人的处境着想	+	+
28	身败名裂　身废名裂	败：败坏；地位丧失，名誉扫地；指遭到彻底的失败	+	+
29	身不由己　身不由主	由：听从；身体不能由自己支配，形容失去自主	+	
30	身历其境　身临其境	亲自到了那个境地		+
31	身家性命	自身和全家的性命		+
32	身价百倍	身价：一个人的社会地位；指名誉地位一下子大大提高	+	+
33	身经百战	亲身参加过多次战斗		+
34	修身养性	修养自己的品性	+	
35	身轻言微	职位低，言论主张不被人重视		+
36	身体力行	身：亲身，体：体验；亲身体验，努力实行		+
37	身外之物	个人身体以外的东西，指名誉、地位、财产等	+	
38	身无长物	形容人除自身外，东西极少	+	+
39	身无完肤　体无完肤	形容全身创伤，或比喻论点被驳得一无是处	+	
40	身先士众　身先士卒	作战时将军冲在士兵前面，奋勇杀敌		+
41	身心交瘁	身体精神都过度劳累	+	
42	守身如玉　守身若玉	保持自身节操，像玉那样洁白无瑕	+	+
43	束身自好　束身自修	束身：约束自己；保持自身纯洁，不与坏人坏事同流合污	+	+
44	置身事外	对事情不闻不问，漠不关心	+	+
45	挺身而出	形容遇到危难时，勇敢地站出来，担当其任	+	+

137

续表

数目	汉语习（成）语	习（成）语释义	隐喻	转喻
46	体无完肤	全身没有一块完好的皮肤；形容浑身上下都是伤	+	
47	心广体胖　心宽体胖	后用来形容心情开朗，无所牵挂，因而身体也发胖	+	
48	衣不蔽体	形容生活十分穷困		+
49	五体投地	两手、两膝和头一起着地。原是古印度最恭敬的一种致敬仪式，佛教沿用。后用以比喻心诚	+	+
50	现身说法	原为佛教用语，指佛力广大，能现出种种身形进行说法；后比喻以亲身经历和体验为例来说明道理，劝导别人	+	+
51	言传身教	用语言传授，以行动示范；指用言行起模范作用	+	+
52	摇身一变	摇一摇身，就改变身份；形容变化的快	+	
53	一身二任　一身两役	谓一人承担两种任务		+
54	终身大事	谓关系一生之事	+	+
55	以身试法	身：自己，本身；指明知犯法，还亲身去做违法的事	+	+
56	以身殉职	为忠于本职工作而献出生命		+
57	以身作则	用自己的行动作为榜样		+
58	著作等身	等身：和身体一样高；形容著述很多	+	

骨

数目	汉语习（成）语	习（成）语释义	隐喻	转喻
1	哀毁骨立　柴毁骨立	骨立：消瘦的只剩下一副骨头支撑着；形容守孝期间悲痛尽礼	+	+
2	冰肌玉骨　玉骨冰肌	比喻人、物品貌清丽	+	+
3	脱胎换骨　换骨脱胎	原谓修炼得道，换凡骨为仙骨；后借指彻底变化	+	+
4	道骨仙风　仙风道骨	具有神仙的骨骼和风貌，形容人的风度神采潇洒脱俗	+	+
5	粉骨碎身　粉身碎骨	身体粉碎，即死	+	+
6	风骨峻峭	形容人的品质刚正不阿	+	+
7	骨鲠在喉	鲠：鱼刺，鱼刺卡在喉咙里；心中有话，不说出来不痛快	+	
8	骨肉分离	骨肉离散，亲属分散，不能团聚	+	+
9	骨肉团圆	亲属团聚	+	+
10	骨肉相残	比喻自相残杀	+	+
11	骨肉至亲　至亲骨肉	骨肉：像骨和肉相连着那样，指有血缘关系的亲属		+
12	骨瘦如柴　骨瘦如豺	形容消瘦到极点	+	+

续表

数目	汉语习（成）语	习（成）语释义	隐喻	转喻
13	恨入骨髓　恨之入骨	形容内心痛恨到了极点	+	+
14	积毁销骨	毁谤太多，使人无法申辩而难以自存	+	+
15	形销骨立	形体消瘦，只剩一副骨头，形容身体极为消瘦	+	
16	刻肌刻骨	形容感受极为深切	+	+
17	镂骨铭肌　铭肌镂骨	铭：在器物上刻字，镂：雕刻；形容感受深刻，永志不忘	+	+
18	毛骨悚然　毛骨竦然	毛发和骨头里都觉得恐惧，形容极端害怕	+	+
19	奴颜媚骨	形容卑躬屈膝、谄媚讨好的样子	+	+
20	千金市骨	比喻求贤若渴	+	
21	敲骨剥髓　敲骨吸髓	形容残酷压榨剥削	+	
22	伤筋动骨	指筋骨受伤；后也比喻事物受重大伤害	+	
23	瘦骨伶仃	形容人瘦弱孤单的样子	+	+
24	铜筋铁骨　铜筋铁肋	形容身体健壮	+	
25	痛彻骨髓　痛之入骨	痛到骨髓里；形容痛苦万分	+	+
26	颜骨柳筋　颜筋柳骨	书法极佳	+	+

头/首

数目	汉语习（成）语	习（成）语释义	隐喻	转喻
1	昂首阔步	抬起头大步前进，形容精神振奋勇往直前的样子	+	
2	昂首伸眉　仰首伸眉	形容精神振奋的样子	+	
3	昂头天外	抬起头望着天边；形容态度傲慢，或做事脱离实际	+	
4	鳌头独占　独占鳌头	科举时代，进士中状元后，立在殿阶中浮雕巨鳌头上迎榜，因此称状元为"独占鳌头"；后亦泛指在竞争中夺得首位	+	+
5	头头是道	形容说话做事有条有理	+	+
6	白头到老　白头偕老	谓夫妇共同恩爱到老	+	+
7	白头如新	白头：白发，引申为时间久长；谓相知不深	+	+
8	白首空归　白首无成	年老而学业无成	+	+
9	白首穷经　皓首穷经	直到年纪老了还在钻研经籍，犹言活到老、学到老	+	+
10	百尺竿头	高竿顶端；佛教比喻道行造诣达到极高境界，但需继续努力	+	+
11	摆尾摇头　摇头摆尾	形容喜悦或悠然自得的样子	+	

续表

数目	汉语习（成）语	习（成）语释义	隐喻	转喻
12	抱头大哭　抱头痛哭	谓伤心或感动之极，彼此相对大哭	+	
13	抱头鼠窜　奉头鼠窜	捧着头像老鼠一样逃跑；形容狼狈逃窜的样子	+	
14	牛头马面	佛教指阴间鬼卒		+
15	不堪回首	对过去的事情想起来感到痛苦，因而不忍再去回忆	+	
16	藏头露尾	形容言行遮遮盖盖，怕露真相	+	+
17	草头天子	旧称出没于草泽中的造反者的首领		+
18	齿豁头童　头童齿豁	头童：老人秃顶，头秃齿缺；形容衰老的状态	+	+
19	彻首彻尾　彻头彻尾	彻：贯穿；自始至终，完完全全	+	
20	出人头地	高人一等，超出一般人	+	
21	出头露面	在公众场合出现	+	
22	垂头丧气	形容失意懊恼的样子	+	+
23	从头至尾	从开始到结尾，犹言原原本本	+	
24	大难临头	难：灾祸；意为遇到大灾难而能不死，后来必有好前程	+	+
25	呆头呆脑	言行迟钝的样子	+	+
26	当头棒喝　当头一棒	比喻促人醒悟的警告	+	
27	低首下心	下心：屈服于人；形容屈服顺从	+	
28	头痛医头，脚痛医脚	比喻遇事不从根本上解决，只在枝节上作暂时的应付	+	
29	肥头大耳	形容体态肥胖	+	
30	粉面油头　油头粉面	形容女子的化妆，有时借指女子	+	+
31	佛头着粪	比喻美好的事物上被加上不好的东西，表示被轻慢、亵渎	+	
32	俯首帖耳　伏首帖耳	低着头耷拉着耳朵；形容恭顺驯服的样子	+	
33	俯首听命	低着头听从命令；形容驯顺服从	+	
34	皓首苍颜	雪白的头发，灰暗的面容；形容老年人的容貌	+	+
35	狐死首丘	传说狐狸将死，头必朝向狐穴所在的山丘；比喻不忘根本	+	+
36	鬼头鬼脑	形容举止诡秘、不正派的样子	+	+
37	虎头虎脑	形容健壮憨厚的样子	+	+
38	虎头蛇尾　虎头鼠尾	装着虎头，拖着蛇尾；比喻做事不能善始善终	+	
39	虎头燕颔　燕颔虎头	颔：下巴颏；形容相貌威猛	+	
40	灰头土面　灰头土脸	佛教用语，指修行者为度众生，不事修饰；后亦指头面污秽	+	
41	回头是岸	佛教用语，意为有罪的人只要回过头来决心悔改，就有出路	+	+

续表

数目	汉语习（成）语	习（成）语释义	隐喻	转喻
42	祸首罪魁　罪魁祸首	魁：首领，首：头目；作恶犯罪的首恶者		+
43	疾首蹙额	头痛眉皱，形容厌恶、痛恨的样子	+	
44	交头接耳　接耳交头	紧靠着头，凑在耳边低声说话	+	+
45	焦头烂额	本谓头脸被火烧焦；后常比喻十分窘迫难堪之状	+	+
46	街头市尾　街头巷尾	泛指大街小巷各个地方	+	+
47	狗血喷头	古以狗血除不详。形容骂得极为厉害	+	
48	倔头倔脑	形容说话、态度固执生硬的样子	+	+
49	科头箕踞　科头箕裾	谓不戴帽子，席地而坐；比喻舒坦的隐居生活	+	
50	科头跣足	不戴帽子，赤足；形容极为随便	+	
51	晕头转向	头脑发昏，迷失方向	+	
52	贼头鼠脑　贼头贼脑	形容行动鬼鬼祟祟的样子	+	+
53	崭露头角	比喻突出地显示自己的才华和本领	+	+
54	头痒搔跟	头上发痒却搔脚跟；比喻于事无补的行动	+	
55	露面抛头　抛头露面	泛称人在公开场合露面	+	+
56	乱首垢面　蓬头垢面	垢面：脏脸。形容不理发不洗脸很肮脏的样子	+	
57	马首是瞻	比喻服从指挥或乐于追随	+	+
58	畏首畏尾	怕前怕后，形容处事瞻前顾后、疑虑重重的样子	+	+
59	没头没脑	没个头绪　不分什么对象率性而作	+	+
60	摸头不着	脑袋摸不着；形容莫名其妙	+	+
61	头重脚轻	头脑发胀，脚下无力	+	+
62	蓬首垢面　蓬头垢面	头发蓬乱，满脸污垢；谓面容腌臜，不事修饰	+	+
63	披头散发	把头发披散开来，故意弄乱头发；表示愤慨或佯狂的样子	+	+
64	评头品足　品头论足	头足指容貌体态；现指对人对事说长道短，多方挑剔	+	+
65	齐头并进	几支队伍并行前进；形容几件事情同时进行	+	+
66	千头万绪　千端万绪	端：头，绪：丝的头；比喻事物的开端	+	+
67	油头滑脸　油头滑脑	形容人又轻浮又狡狯	+	+
68	翘首企足　企足矫首	形容热切盼望	+	
69	蝇头微利	比喻微不足道的小利	+	
70	群龙无首	比喻人多而没有领头的人	+	+
71	三头六臂	原指佛的法相；后用来比喻本领特别大	+	
72	搔首踟蹰	形容心情焦急、惶惑或犹豫	+	
73	搔头摸耳　搔头抓耳	形容一时无法可想的焦急神态	+	

续表

数目	汉语习（成）语	习（成）语释义	隐喻	转喻
74	生公说法，顽石点头	喻说辞精妙，感人至深	+	
75	迎头赶上	朝着最前面的，追上去超过他	+	+
76	摇头摆脑　摇头晃脑	脑袋摇来摇去；形容旧时读书自得其乐、自以为是的样子	+	+
77	首当其冲	首：最先；比喻首先受到攻击或遭遇灾难	+	+
78	首屈一指	屈：计算时首先弯曲拇指；表示第一，居首位	+	+
79	首善之地　首善之区	首都，也泛指最好的地方	+	+
80	首鼠两端　进退首鼠	首鼠：踌躇不决，欲进又退；形容迟疑不决、瞻前顾后	+	+
81	首尾乖互	乖互：相互违背；前后自相矛盾	+	+
82	首尾相赴　首尾相应	原指作战部队紧密配合，互相接应；后泛指头尾互相接应	+	+
83	鼠目獐头　獐头鼠目	獐头小而尖，鼠眼小而圆；形容人相貌猥琐鄙俗	+	+
84	痛心疾首	心也痛，头也痛；形容伤心痛恨到极点	+	+
85	有头无尾	谓做事不能坚持到底，有始无终	+	+
86	头角崭然　头角峥嵘	头角：青少年的气概或才能；形容年轻有为，才华出众	+	+
87	头破血流　头破血出	头打破了，血流出来；形容受到沉重打击或遭到惨败的样子	+	
88	头疼脑热	泛指一般小病		+
89	圆首方足　圆颅方趾	首：头，趾：脚；指人类		+

眼/目

数目	汉语习（成）语	习（成）语释义	隐喻	转喻
1	白眉赤眼	喻指没根由，平白无故	+	
2	别具只眼　独具只眼	比喻具有独到的眼光和见解	+	+
3	不堪入目	形象或文字十分粗俗，使人看不下去	+	+
4	侧目而视	斜着眼睛看人；形容畏惧、憎恨或鄙视的样子		+
5	瞠目结舌	瞪大眼睛说不出话来；多形容吃惊或窘迫的样子	+	+
6	瞠目而视	瞪大眼睛看着；形容极端惊异或恐惧		+
7	触目成诵　过目成诵	看过一遍就能诵读出来，形容聪敏过人	+	+
8	触目骇心　触目惊心	所看到的情形引起内心极大震动，形容所见情况严重	+	+
9	触目皆是	触目：目光所及，满眼看去都是；形容很多	+	+
10	有目如盲　有眼如盲	虽然有眼睛却如同瞎子一样，谓认不清事物	+	+
11	鱼目混珠	比喻以假乱真	+	+

续表

数目	汉语习（成）语	习（成）语释义	隐喻	转喻
12	疮痍满目　满目疮痍	疮痍：创伤；比喻所见全是灾祸景象	+	+
13	慈眉善目	形容人一脸慈祥的样子	+	
14	道路侧目　道路以目	谓百姓慑于暴政，在路上相见，不敢交谈，只能以目示意	+	+
16	耳濡目染　耳染目濡	濡：沾染；因经常眼见与耳闻而逐渐受到感染	+	+
17	耳闻目睹　耳闻目见	亲自听到和看到的	+	+
18	有眼无珠	形容见识浅陋，缺乏分析判断能力	+	+
19	闭目塞听	堵住耳朵，遮住眼睛；谓蔽塞视听	+	+
20	蜂目豺声	谓目如蜂而声似豺；形容面目凶恶，声音可怖	+	
21	佛眼相看	比喻友好相待，不加伤害	+	+
22	纲举目张	目：网眼；比喻抓住事物的主要环节，就可带动一切	+	
23	刮目相待　刮目相看	用新的眼光来看待	+	+
24	光彩夺目	夺目：耀眼；颜色和光泽鲜艳耀眼		+
25	贵耳贱目	相信传闻，不相信亲眼看到的事实	+	+
26	过目不忘	看过的书不忘记；形容记忆力极强		+
27	过眼烟云　烟云过眼	比喻转瞬即逝，不留痕迹	+	+
28	蒿目时艰	蒿目：极目远望；形容对世事忧虑不安	+	+
29	横眉怒目　横眉立目	眼冒怒火，眉毛横竖，形容凶恶之貌	+	
30	转眼之间	形容极短促的一刹那	+	+
31	火眼金睛	小说中经过修炼的眼睛，喻指敏锐过人，洞察一切	+	+
32	挤眉弄眼　挤眉溜眼	挤挤眉毛，弄弄眼色，指向人暗示或传达情义	+	+
33	金刚怒目　金刚努目	努目：把眼睛睁大，眼珠突出；形容面目威猛可畏	+	
34	见钱眼红　见钱眼开	形容贪婪爱财		+
35	举目千里	张开眼睛可以看到很远之处；形容视野广阔辽远	+	+
36	举目无亲　举眼无亲	抬头张望，看不到一个亲人；形容孤单，无依无靠	+	+
37	冷眼旁观	用冷淡的眼光或冷静的态度从旁观察	+	+
38	历历在目	清楚地呈现在眼前	+	+
39	琳琅满目	喻随处都见出色的人才、诗文或珍异之物	+	
40	另眼相看　另眼相待	用另一种眼光去看待，即特别重视	+	+
41	令人注目	注目：视线集中在一点上；指引起别人的重视	+	+
42	庐山面目	比喻事物的真相或人的本来面目	+	
43	盲眼无珠	形容对眼前事物一无所见，也比喻不识事理	+	+
44	眉高眼低　眉眼高低	不愉快的脸色；指代待人处事的方法	+	+

续表

数目	汉语习（成）语	习（成）语释义	隐喻	转喻
45	眉欢眼笑　眉开眼笑	形容极其高兴	+	+
46	眉来眼去	用眉眼传递情意	+	+
47	眉目传情	用眼色传递情义	+	+
48	眉清目秀	形容相貌美丽端庄	+	
49	龙眉凤目	形容人英俊，气度不凡	+	
50	面目全非	完全不是原先的样子，形容变化很大	+	+
51	面目一新	改变原样，呈现新貌	+	+
52	明目张胆	形容有胆略，敢作敢为	+	
53	目不见睫	不能合眼入睡；形容因心情不安而长夜不眠	+	+
54	目不忍睹　目不忍视	眼睛不忍看视；形容情状极其悲惨	+	+
55	目不识字　目不识丁	形容人一字不识		
56	目不妄视	眼睛不随便乱看，形容遵守礼制	+	+
57	目不暇给　目不暇接	形容眼前美好事物太多，或景物变化太快，眼睛来不及观看	+	+
58	目不斜视	不该看的事物不看；形容品行端正	+	+
59	目不知书	谓不会读书、写文章	+	+
60	目不转睛　目不转视	睛：眼珠，凝神注视，眼珠一转不转；形容注意力高度集中	+	+
61	目瞪口呆　目睁口呆	睁大眼睛说不出话来；形容极度惊恐的样子	+	+
62	目光如豆	眼光像豆子那样小；形容目光短浅，极无远见	+	+
63	目光如炬	眼光明亮如火炬照人；形容人气势极盛	+	+
64	目击道存	眼睛一看便知道"道"存在着	+	+
65	目空一切　目空一世	什么都不放在眼里；常形容骄傲自大	+	+
66	目迷五色	比喻被错综的事物所迷惑，辨不清本质所在	+	+
67	目牛无全　目无全牛	比喻技术纯熟高超	+	+
68	贼眉鼠眼	东张西望、鬼鬼祟祟的样子	+	+
69	目送手挥　手挥目送	比喻诗文书画的挥洒自如，得心应手	+	+
70	目无法纪	不把法律纪纲放在眼里，谓胆大妄为	+	+
71	目无下尘	谓看不起地位低下的人；形容态度骄傲	+	+
72	目无余子	余子：其余的人，眼里没有旁人；形容骄傲自大	+	+
73	目下十行　一目十行	形容看书看得快	+	+
74	目指气使	用目光和神色来表示对别人的差遣	+	+
75	目中无人	眼里没有旁人；形容骄傲自大，看不起人	+	+

续表

数目	汉语习（成）语	习（成）语释义	隐喻	转喻
76	怒目而视	圆睁两眼怒视对方	+	+
77	巧立名目	取巧地出了很多名目，用以达到某种不正当目的	+	+
78	肉眼凡夫　肉眼凡胎	谓俗眼的普通人	+	+
79	杀人不眨眼	形容凶狠残忍	+	
80	拭目而待　拭目以待	擦着眼睛来等待或等待事情的实现	+	+
81	拭目倾耳	拭目：擦了眼睛看，倾耳：侧过耳朵听；形容仔细看听	+	+
82	展眼舒眉	眼眉舒展开来；形容喜悦的样子	+	
83	十目所视，十手所指	一个人的言行总有许多人监察着，不可不谨慎	+	+
84	手疾眼快	形容做事机警、敏捷	+	+
85	爽心悦目	眼前的景物看上去使人心情舒畅，眼睛愉快	+	+
86	遮人耳目　遮人眼目	掩盖别人的视听，掩饰真情	+	+
87	死不瞑目　死不闭目	人死还不闭眼；形容虽死而心犹未甘	+	
88	鼠目寸光	形容目光短浅	+	+
89	直眉瞪眼	形容生气或吃惊的样子	+	
90	睡眼惺忪	形容刚睡醒，眼神模模糊糊	+	+
91	鼠目獐头　獐头鼠目	獐头小而尖，鼠眼小而圆；形容人相貌猥琐鄙俗	+	+
92	头昏眼花　头晕眼花	头脑晕乱，眼睛昏花	+	+
93	宛然在目	仿佛就在眼前		+
94	望眼欲穿　望眼将穿	形容盼望殷切	+	+
95	心眼明亮	心里明白，眼睛雪亮；形容看问题敏锐，能明辨是非	+	+
96	引人注目	引起人的注意		+
97	掩目捕雀	遮盖眼睛捉鸟雀；比喻以不可行的方法自己欺骗自己	+	+
98	掩人耳目	谓以假象掩盖事实，蒙蔽别人	+	+
99	眼不见，心不烦	只要眼睛没有看见，心里就不会烦恼	+	+
100	眼穿肠断	形容盼望、相思之极	+	+
101	眼高手低	眼界很高而实际能力低	+	+
102	眼观六路，耳听八方	形容机智灵活，遇事能多方观察分析	+	+
103	眼花缭乱　眼花雀乱	形容事物复杂纷繁，使人眼睛昏花、神志迷乱、无法辨清	+	+
104	眼明手捷　眼明手快	眼睛明亮，动作敏捷	+	+
105	眼中刺　眼中钉	比喻极其厌恶憎恨的人	+	+
106	众共共睹　众目共视	所有人眼睛都看见了，形容极其明显	+	+
107	众目昭彰	众人的眼睛都把事情看得很清楚	+	+

续表

数目	汉语习（成）语	习（成）语释义	隐喻	转喻
108	众目睽睽	在众人注视、监督之下	+	+
109	一板一眼 一板三眼	板眼：民族音乐戏曲中的节拍；比喻言语行为有条理、合规矩	+	+
110	一目了然	一眼就看得清清楚楚	+	+
111	一叶障目，不见泰山	比喻为局部或暂时的现象所迷惑，不能认清全面或根本的问题	+	+
112	以耳代目	把耳朵当作眼睛；比喻不亲自调查了解，只听信别人的话	+	+
113	以眼还眼	以牙还牙，比喻针锋相对地进行斗争	+	
114	有目共赏	形容事物非常完美，人人称道	+	+
115	有目共睹 有目共见	人人都看得到，形容事物表露得非常清楚	+	+
116	有板有眼	板、眼：音乐戏曲的节拍；形容言语行动有条理	+	+
117	有眼不识泰山	比喻地位高或本领大的人就在眼前却认不出来	+	+

脸/面/颜

数目	汉语习（成）语	习（成）语释义	隐喻	转喻
1	八面玲珑	原指四面八方通明透亮；后多形容人处事机巧圆滑，面面俱到	+	+
2	八面威风	形容神气十足的样子	+	+
3	八面圆通	形容为人处事圆滑，处处应付周全	+	+
4	白面书生	年轻识浅、阅历不多的文弱书生		+
5	白发苍颜	头发已白，脸色灰暗，形容老人的容貌	+	+
6	白发红颜 白发朱颜	头发斑白而脸色通红，形容老人容光焕发的样子	+	+
7	半面之交 半面之旧	把只见过一面的人称作半面之交	+	+
8	北面称臣	古代君主面南而坐，臣子拜见君子则面北，因谓臣服于人	+	+
9	本来面目	原为佛教指人本有的心性，自己的本分	+	+
10	别开生面 另开生面	生面：新的面目；比喻另外开创新的局面或格式	+	+
11	不看僧面看佛面	为看在第三者的情面上给予帮助或宽恕	+	+
12	愁眉苦脸	皱着双眉，哭丧着脸；形容有仇或气恼的样子	+	+
13	出头露面 抛头露面	在公众场合出现	+	+
14	四方八面 四面八方	各个方面，或各个地方	+	+
15	白眉赤脸	比喻事情没来由，平白无故	+	

续表

数目	汉语习（成）语		习（成）语释义	隐喻	转喻
16	鼻青脸肿		鼻子发青，脸肿起，形容脸部伤势很重	+	
17	有头有脸		比喻有身份，有地位	+	+
18	独当一面		谓单独担当一方面重要的任务	+	+
19	耳提面命	耳提面训	面命耳提，谓对人教诲恳切	+	
20	革面洗心	洗心革面	洗心：清除邪恶之心思，革面：改变旧面目；比喻彻底悔改	+	
21	厚颜无耻		颜：脸面；厚着脸皮不知羞耻	+	
22	红颜薄命		红颜：美女；旧指女子太漂亮，则大多命运多舛	+	+
23	鹤发童颜	童颜鹤发	白鹤一样的头发，孩童般的容颜；形容老年人气色好、有精神	+	
24	鸠形鹄面	鸟面鹄形	鹄：鸟名，黄鹄；形容面容憔悴，身体瘦削	+	+
25	两面三刀		比喻当面一套、背后一套，玩两面派手法	+	
26	庐山面目		比喻事物的真相或人的本来面目	+	
27	春风满面	满面春风	形容心情喜悦，满脸笑容	+	
28	面壁功深		原谓和尚面壁静修，使道行高深；比喻人钻研，造诣精深	+	
29	面不改容	面不改色	不改变脸色；形容遇到危险时神态沉着镇定	+	
30	奴颜媚骨		形容卑躬屈膝、谄媚讨好的样子	+	
31	千人一面		成千人都是一个面孔；形容程式化的文艺创作或戏曲表演	+	+
32	面红耳赤		形容羞愧、着力、着急或发怒时的样子	+	
33	面黄肌瘦		面色黄肌体瘦；形容营养不良或有病的样子	+	+
34	面面俱到	面面俱全	谓各方面都照顾到	+	+
35	面面相觑	面面相窥	相互对看；形容惊惧或束手无策的样子	+	+
36	面目全非		完全不是原先的样子；形容变化很大	+	+
37	面目一新		改变原样，呈现新貌	+	+
38	面墙而立	墙面而立	面对墙壁，目无所见；比喻不学无术	+	+
39	面如土色	面色如土	脸色像泥土一样；形容惊恐到了极点	+	+
40	面授机宜		当面向人授予依据实机所应采取的合适的决策	+	+
41	面无人色		形容十分恐惧之状，也形容病危时的脸色	+	+
42	面誉背毁	面是背非	当面称赞，背后毁谤	+	+
43	蓬首垢面	蓬头垢面	头发蓬乱，满脸污垢；谓面容腌臢，不事修饰	+	+
44	人面兽心	兽心人面	品质恶劣，外貌像人却内心狠毒，有如野兽一般	+	+
45	人心如面		人的思想情况像人的面孔一样，意谓各不相同	+	+

续表

数目	汉语习（成）语	习（成）语释义	隐喻	转喻
46	四面楚歌	四面受敌，孤立无援	+	+
47	死皮赖脸	老着脸皮，一味纠缠	+	+
48	铁面无私	形容公正严明，不讲情面	+	+
49	网开一面　网开三面	比喻刑法宽大	+	+
50	嬉皮笑脸　嘻皮笑脸	嬉笑不严肃的样子	+	+
51	心慈面软	软：柔和，温和；谓心地慈善，面貌温和	+	+
52	一面如旧	一见如故	+	+
53	一面之词　一面之辞	单方面所说的理由	+	+
54	一面之交　一面之识	只见过一面的交情	+	+
55	劈头盖脸	形容来势迅疾凶猛	+	+
56	油头粉面　粉面油头	形容人打扮妖艳轻浮	+	+

嘴/口

数目	汉语习（成）语	习（成）语释义	隐喻	转喻
1	百喙莫辩　百口莫辩	一百张嘴也辩解不清，无法申诉	+	+
2	搬口弄舌　搬唇弄舌	舌：话语；搬动嘴唇，传递话语，即挑拨是非	+	+
3	辩口利舌	形容人擅长辩论	+	+
4	出口成章　出言成章	话说出来就是一篇文章。形容文思敏捷，谈吐风雅	+	+
5	顿口无言	张口结舌，说不出话	+	+
6	多嘴多舌　多嘴饶舌	话说得多了，指不该说而说	+	+
7	调嘴弄舌	指说三道四，挑拨是非	+	+
8	风口浪尖	比喻生活最艰苦、斗争最激烈的地方	+	+
9	佛口蛇心　蛇心佛口	嘴上说得好听，心地极其狠毒	+	+
10	虎口拔牙	比喻冒极大危险去夺取或制服某一目标或对象	+	
11	虎口逃生　虎口余生	从老虎嘴边逃出生命，比喻经历了极大危险	+	+
12	祸从口出　祸发齿牙	说话不恰当，就会招来灾祸	+	+
13	尖嘴薄舌	言辞尖酸刻薄	+	+
14	尖嘴猴腮	尖嘴巴瘦面颊，形容人相貌丑陋	+	+
15	缄口不言　缄舌闭口	说不出话来	+	+
16	缄口结舌　钳口结舌	钳口：闭口，结舌：不敢说话；谓紧闭嘴巴不敢说话	+	+
17	缄口如瓶　守口如瓶	闭口不说，像瓶口塞住了一样；形容说话谨慎或严守秘密	+	+

续表

数目	汉语习（成）语	习（成）语释义	隐喻	转喻
18	交口称誉	交口：大家一同说；众人同声称赞	+	+
19	金口玉言	封建时代皇帝说的话	+	+
20	锦心绣口　绣口锦心	比喻满腹文章，才思横溢	+	+
21	绝口不提	绝口：闭口；谓闭口不言	+	+
22	空口无凭	谓说话没有根据和凭证		
23	口不应心	说的做的与心里想的不一致	+	+
24	口耳之学	耳朵听进去后，只挂在嘴边说，谓无真才实学	+	+
25	口惠而实不至	只在口头上许给人好处而实际上并不实行		+
26	口口声声	形容不止一次地说或把某一说法经常挂在口头	+	+
27	口快心直　心直口快	性情爽直，嘴巴爽快，即有什么就说什么	+	+
28	口蜜腹剑	比喻嘴甜心毒	+	+
29	口如悬河　口若悬河	形容讲起话来像瀑布滔滔不绝，形容能言善辩，也比喻健谈	+	+
30	口尚乳臭	臭：气味；口里还有奶腥味　比喻年轻缺乏经验	+	
31	口是心非	嘴里说的是一套，心里想的又是一套，指心口不一致	+	+
32	口说无凭	只是口说，不能作为凭证		+
33	口血未干	古代结盟用血涂口旁，以示信守；比喻立盟不久就背弃盟约	+	
34	口干舌燥	形容话说得太多，或费尽口舌	+	+
35	口中雌黄	形容说话轻率，说错了随口更正	+	+
36	口诛笔伐	用语言文字进行谴责和声讨	+	+
37	苦口婆心	婆心：像老婆婆一样仁慈的心肠；形容恳切耐心地再三劝告	+	+
38	脍炙人口	脍炙：切细的肉和烤肉；谓诗文等受人赞美传诵。	+	+
39	朗朗上口	诵读熟练，顺口，也指文辞通俗，便于口诵	+	+
40	良药苦口	比喻有益而尖锐的批评，虽然听起来不舒服，但对人有帮助	+	+
41	目瞪口呆　目睁口呆	睁大眼睛说不出话来，形容极度惊恐的样子	+	+
42	目瞠口哆	睁大眼睛，张口结舌，形容惊愕的样子		
43	宁为鸡口，毋为牛后	比喻宁愿在小的地方自主，也不愿在局面大的地方听人支配	+	
44	弄嘴弄舌	形容卖弄口舌，搬弄是非	+	+
45	贫嘴薄舌　贫嘴贱舌	谓言语多而尖酸刻薄，惹人厌恶	+	+
46	破口大骂	凶狠恶毒地怒骂	+	+

续表

数目	汉语习（成）语		习（成）语释义	隐喻	转喻
47	七嘴八舌	七嘴八张	人多语杂，讲个不停	+	+
48	钳口结舌		形容紧闭嘴巴不敢说话	+	+
49	群口铄金	众口铄金	众人异口同声的言论足能熔化金属，比喻舆论力量大	+	+
50	人多口杂	人多嘴杂	形容人多，七嘴八舌，意见分歧	+	+
51	三缄其口		嘴上加了三道封条，形容说话极为谨慎	+	+
52	矢口否认		矢口：立誓；喻指完全不承认	+	+
53	授人口实		口实：话柄；留给别人话柄，多指供人攻击和非议的话柄。	+	+
54	甜嘴蜜舌		形容说话甜美动听，讨好于人	+	+
55	脱口而出		不假思索，随口说出	+	+
56	枉口拔舌		佛教传说生前犯口过者死后将入拔舌地狱，后多指胡说八道	+	+
57	心不应口		心里想的不合嘴里说的	+	+
58	心口不一		心里想的和嘴上说的不一样，形容为人虚伪、奸诈	+	+
59	心口如一		心和口一样，就是心里怎样想，嘴上就怎样说	+	+
60	信口开合	信口开河	随口乱说	+	+
61	信口雌黄		信口：随口乱说；比喻不顾事实，随口乱说	+	+
62	血口喷人		比喻用恶言污蔑、陷害别人	+	+
63	哑口无言		无话可说或沉默不语，多形容理屈词穷的样子	+	+
64	羊落虎口		比喻落入险境，有死无生	+	
65	养家活口		维持一家人的生活		+
66	异口同辞	异口同声	很多人说同样的话	+	+
67	有口皆碑		人人的嘴都是记功碑，形容受到众人的一致颂扬	+	+
68	有口难辩	有口难分	有嘴却难以分辨，形容蒙受冤屈而无从申诉	+	+
69	有口难言		因某种原因，心中的话不能对别人说	+	+
70	有口无心		说话漫不经心，脱口而出	+	+
71	咂嘴弄舌		形容贪吃的馋相	+	
72	赞不绝口	赞口不绝	赞声不绝，不住口地称赞	+	+
73	张口结舌		结舌：舌头不能活动；形容因理屈、害怕，说不出话来	+	+
74	众口难调		众人口味要求不一，难以调和使大家满意	+	+
75	众口一词		许多人所说的话都一样	+	+
76	拙口钝辞	拙口钝腮	粗嘴巴，笨言辞，指不善于说话	+	+
77	龇牙咧嘴		形容面目狰狞或因痛苦、惊恐而失态	+	
78	油嘴滑舌		形容说话轻浮油滑	+	+

手

数目	汉语习（成）语	习（成）语释义	隐喻	转喻
1	爱不释手	喜爱到舍不得放手	+	+
2	碍手碍脚	使人觉得做事不方便	+	+
3	不择手段	为了达到目的，什么手段都使得出来	+	+
4	赤手空拳	谓两手空空	+	+
5	赤手起家　白手成家	原指空手发家，后指条件很差，靠奋斗创立一番事业	+	+
6	垂手可得	垂手：比喻不动手；形容得来毫不费力气	+	+
7	搓手顿足　搓手跺脚	搓手：两手相摩，顿足：跺脚；形容焦急时的动作	+	+
8	措手不及	动手已来不及	+	+
9	大打出手	打出手：戏曲中主要人物与几个对手相打，形成种种武打场面；形容逞凶打人或相互殴斗	+	+
10	大手大脚	花钱、用东西不知节省	+	+
11	大显身手	身手：指本领；形容充分显示自己的本领	+	+
12	得手应心　得心应手	谓心手相应，运用自如	+	+
13	额手称颂　额手称庆	以手加额，表示庆幸	+	+
14	翻手为云覆手雨	比喻反复无常，玩弄手段和权术	+	+
15	高抬贵手	高、贵：敬辞；恳求别人饶恕或宽容	+	+
16	拱手听命	谓听命于对方，毫无反抗	+	+
17	慌手慌脚　慌手忙脚	比喻张皇失措的样子	+	+
18	假手于人	借助他人为自己办事	+	+
19	手忙脚乱　脚忙手乱	形容做事慌乱，没有条理	+	+
20	举手可得	一举手就可拿来；比喻极易取得	+	+
21	束手待毙　束手就毙	束手：自缚其手；比喻危难时不想方设法，坐等败亡	+	+
22	手头不便	手边缺钱的委婉说法	+	+
23	鹿死谁手	天下政权为谁所得，或谁能取得最后胜利	+	+
24	毛手毛脚	做事粗心大意	+	+
25	妙手丹青	丹青：绘画颜料，借指绘画艺术；形容绘画技艺高超	+	+
26	妙手回春	妙手：指技术高明的人；比喻把垂危的病人救活	+	+
27	妙手空空	用以指小偷	+	+
28	手足无措　手足失措	手足无处安放，形容没有办法，不知如何是好	+	+
29	目送手挥　手挥目送	比喻诗文书画的挥洒自如	+	+
30	拿手好戏	原指演员擅长的剧目，泛指最擅长的本领和技巧	+	+

续表

数目	汉语习（成）语	习（成）语释义	隐喻	转喻
31	蹑手蹑脚 轻手轻脚	轻手轻脚，行动小心谨慎	+	+
32	拍手称快	拍着手喊痛快；形容正义伸张或公愤消除时高兴满意的样子	+	
33	旁观袖手 袖手旁观	把手放在袖子里在旁观看；比喻置身事外，不过问其事	+	+
34	胼手胝足	手掌足底因长期摩擦而长出的老茧；形容受尽肌肤之劳	+	+
35	七手八脚	人多忙乱，动作不一	+	+
36	棋逢敌手 棋逢对手	下棋的双方水平相等；多比喻双方本事相当，可相匹敌	+	+
37	情同手足 亲如手足	手足：喻兄弟，情谊深厚，如同兄弟	+	
38	人多手杂	指人多而杂，也形容动手的人多	+	
39	上下其手	指玩弄手法，串通作弊	+	
40	手不释卷 手不辍卷	手不肯放下书籍；形容勤勉好学或读书入迷	+	+
41	手不停挥	手不停顿地挥写；形容文思敏捷，写作极快		+
42	手到病除	一伸手诊脉，病就消除了；形容医术高明	+	+
43	手到擒来 手到拿来	拿：擒捉；谓一伸手就将敌人捉住。比喻做事毫不费力	+	+
44	手慌脚忙	形容惊慌不安之状	+	+
45	手疾眼快	形容做事机警、敏捷		+
46	手胼足胝 手足胼胝	手掌和足底生满老茧；形容极其劳瘁	+	
47	手无寸铁	寸铁：短兵器；形容手里没有拿任何武器	+	+
48	手无缚鸡之力	形容人文弱无气力，连鸡都缚不住	+	+
49	手舞足蹈	形容喜悦到极点时的样子		+
50	手足之情	手足：喻兄弟；兄弟的亲密感情为手足之情	+	+
51	束手无策 束手无措	手被捆住，无法解脱；形容遇到问题毫无解决的办法	+	+
52	顺手牵羊	比喻乘便行事，毫不费力	+	+
53	缩手缩脚	因寒冷而四肢蜷缩的样子；形容胆子小，不敢放手做事	+	+
54	唾手可得 唾手可取	比喻极容易得到	+	+
55	握手极欢 握手言欢	互相握手，非常欢洽		+
56	先下手为强	先动手可以取得有利地位	+	+
57	小手小脚	形容人做事没有魄力，没有胆识；形容人举止不大方	+	+
58	心灵手巧	心思灵敏，手艺工巧	+	+
59	心狠手辣	心肠凶狠，手段毒辣	+	+
60	心手相应	心和手相配合，即心里想的，手里就可办到，配合很好	+	+

续表

数目	汉语习（成）语	习（成）语释义	隐喻	转喻
61	信手拈来	随手拿来；多形容写文作画时能熟练运用各种丰富的材料	+	+
62	眼高手低	眼界很高而实际能力低	+	+
63	眼明手捷　眼明手快	眼睛明亮，动作敏捷	+	+
64	举手之劳	比喻不用费力	+	+
65	一手遮天	一只手把天遮住；比喻仗势独裁，欺上瞒下	+	+
66	游手好闲	游手：闲着手不做事；形容游荡懒散，喜欢安逸	+	+
67	指手划脚　指手画脚	说话时手脚做出各种动作；形容说话放肆或得意忘形的样子	+	
68	炙手可热　炙手而热	炙烤之手热得烫人；比喻气焰权势之盛	+	
69	斫轮老手	喻指技艺纯熟或经验丰富的人	+	+
70	着手成春	原指写诗清新自然，一动手便有春意；后称赞医生医术高明	+	+

脚/足

数目	汉语习（成）语	习（成）语释义	隐喻	转喻
1	碍手碍脚	使人觉得做事不方便	+	+
2	百足之虫，死而不僵	比喻人、事虽然衰亡，但其残余势力或影响仍然存在	+	
3	赤绳绾足　赤绳系足	谓男女结成婚姻	+	
4	重足而立	后脚紧挨前脚站立；形容十分恐惧的样子	+	
5	搓手顿足　搓手跺脚	搓手：两手相摩，顿足：跺脚；形容焦急时的动作	+	
6	捶胸顿足　捶胸顿脚	用拳敲打胸膛，用脚跺地，形容人悲伤或悔恨时的情状		
7	大手大脚	花钱、用东西不知节省	+	+
8	高材疾足　高才捷足	高材：才能高，疾足：迈步快；谓才能高超，行动敏捷	+	+
9	裹足不进　裹足不前	脚被包裹住了一样停步不前，指因有所顾虑而不敢前行	+	+
10	画蛇著足　画蛇添足	比喻多此一举反而弄巧成拙	+	
11	慌手慌脚　慌手忙脚	比喻张皇失措的样子		+
12	急来抱佛脚	比喻事到临头才急于求救或急于准备	+	
13	疾足先得　捷足先登	捷足：走得快的脚步；快步先到所求的东西	+	+
14	脚忙手乱　手忙脚乱	形容做事慌乱，没有条理	+	+
15	脚踏实地	谓做事踏实，不浮夸	+	+
16	脚踏两只船	同时与两个理念不同的组织等有关联	+	+

续表

数目	汉语习（成）语	习（成）语释义	隐喻	转喻
17	举足轻重	只要举足移动一步，就会影响两边的轻重；比喻地位重要	+	+
18	科头跣足	不戴帽子，赤足；形容极为随便	+	
19	立足之地	比喻容身的地方	+	+
20	毛手毛脚	做事粗心大意	+	+
21	莫措手足　手足无措	手足无处安放；形容没有办法，不知如何才好	+	+
22	蹑手蹑脚	轻手轻脚，行动小心谨慎	+	+
23	胼手胝足　手胼足胝	胼胝：手掌足底因长期摩擦长出老茧；形容受尽肌肤之劳	+	
24	品头题足　评头品足	指对人对事说长道短，多方挑剔	+	+
25	七手八脚	人多忙乱，动作不一	+	+
26	企足矫首	踮起脚后跟，抬起头；比喻盼望、等待之殷切		+
27	千里之行始于足下	比喻事情的成功是由小而大逐渐积累的	+	+
28	跷足而待	抬起脚来等候；形容短时间内即可成功		+
29	翘首企足　翘足引领	形容热切盼望	+	
30	亲如手足	手足喻兄弟，亲密的如同兄弟一样	+	+
31	轻手轻脚	形容手脚动作很轻，响声很小	+	+
32	情若手足　情同手足	情谊深厚，如同兄弟	+	
33	拳打脚踢	用拳打，用足踢；形容打得凶狠	+	+
34	三分鼎足　三足鼎立	三分天下、鼎足而立的局面	+	+
35	手慌脚忙	形容惊慌不安之状	+	+
36	手舞足蹈	形容喜悦到极点时的样子	+	+
37	手足之情	手足：比喻兄弟；兄弟的亲密感情为手足之情	+	+
38	首足异处　头足异处	头和脚分开在不同的地方；谓遭杀戮而死亡	+	+
39	缩手缩脚	因寒冷而四肢蜷缩的样子；形容胆子小，不敢放手做事	+	+
40	缩头缩脚	形容畏缩、躲闪	+	+
41	头痛医头，脚痛医脚	比喻遇事不从根本上解决，只在枝节上作暂时的应付	+	
42	头重脚轻	头脑发胀，脚下无力		+
43	小手小脚	形容人做事没有魄力，没有胆识；形容人举止不大方	+	
44	有脚书厨	对学识渊博者的称誉		+
45	圆首方足　圆颅方趾	指人类		+
46	指手划脚　指手画脚	说话时手脚做出各种动作；形容说话放肆或得意忘形的样子	+	+
47	足不出户　足不逾户	足不出门一步，形容闭门自守	+	+

154

背

数目	汉语习（成）语	习（成）语释义	隐喻	转喻
1	挨肩擦背　摩肩挨背	肩挨着肩，背擦着背。形容人多拥挤	+	+
2	背槽抛粪	像牲畜那样刚吃了槽里的食，就背身拉屎；比喻忘恩负义	+	+
3	背城借一　背城一战	背靠城池，与敌人决一死战；指与敌人作最后的决战	+	+
4	背道而驰	背：逆着；比喻背离正确的目标，朝相反的方向走	+	+
5	背义忘恩　忘恩背义	背弃恩德，忘了道义		+
6	背井离乡　离乡背井	背：离开；被迫离开家乡，到外地求生	+	+
7	背山起楼	靠着山盖楼房；指遮住大好景致，大煞风景	+	+
8	背水一战	背水：背靠河水；指决一死战	+	+
9	背信弃义	违背信用，抛弃道义		+
10	腹背受敌	腹背：前后；指前后都遭到敌人攻击	+	+
11	倒背如流	形容书背得非常熟	+	+
12	汗流浃背	汗流的湿透了背上的衣服；形容极度惊恐或惭愧	+	+
13	虎背熊腰　熊腰虎背	背宽如虎，腰粗似熊；形容人高大魁梧	+	
14	力透纸背	形容书法、绘画笔力遒劲有力	+	+
15	芒刺在背　如芒在背	好像芒和刺扎在背上；形容极度不安	+	
16	面是背非	当面赞成，背后反对	+	+
17	人心向背	人心：民众的愿望，背：背离；指民众所拥护的和反对的	+	+
18	望其项背	能够看见别人的颈项和后背；比喻有能力赶得上		+
19	膝痒搔背	比喻言论或处事不得当，没有抓住关键	+	+
20	项背相望	原指前后相顾，后用来形容人多，连续不断	+	+
21	压肩叠背	形容人多，十分拥挤	+	

心

数目	汉语习（成）语	习（成）语释义	隐喻	转喻
1	哀莫大于心死	心死：心像熄灭灰烬一样；指最悲哀的事，莫过于麻木不仁	+	+
2	暗室亏心　暗室私心	在暗中做见不得人的亏心事	+	+
3	白首之心	年老时的壮志	+	+
4	百计千心	想尽一切办法	+	+

续表

数目	汉语习（成）语	习（成）语释义	隐喻	转喻
5	半夜敲门心不惊	半夜敲门不吃惊；比喻没有做过亏心的事	+	+
6	包藏祸心　苞藏祸心	祸心：害人的心；怀着害人的念头	+	+
7	碧血丹心	丹心：忠心；形容满腔热血，无限忠诚之心	+	+
8	别出心裁　独出心裁	独创一格、与众不同的设计筹划	+	+
9	饱食终日，无所用心	整天吃饱了饭，什么也不思考	+	+
10	别具匠心　匠心独运	技巧与文艺方面与众不同的构思	+	+
11	别有用心	另有不可告人的动机、企图	+	+
12	病狂丧心　丧心病狂	形容言行昏乱而荒谬，或残忍到了极点	+	+
13	不到黄河心不死	比喻不达到目的绝不罢休	+	+
14	不得人心	得不到人们的支持、拥护	+	+
15	恻隐之心　恻怛之心	见人遭遇不幸所引起的同情怜悯之心	+	+
16	称心如意　趁心如意	完全合乎心意	+	+
17	诚心诚意　诚心正意	心意诚正；形容对人十分真挚诚恳	+	+
18	诚心敬意	形容对人十分真诚和有礼貌	+	+
19	有口无心	说话漫不经心，脱口而出	+	+
20	痴心妄想	入迷的心思，荒唐的想法，形容一味幻想不能实现的事情	+	+
21	赤心报国　赤心奉国	赤胆忠心报效国家	+	+
22	赤子之心	赤子：初生的婴儿；形容纯洁善良的心地	+	+
23	处心积虑	处心：存心，积虑，积久考虑；早已千方百计地谋算	+	+
24	怵目惊心　触目惊心	眼看可怕景象，使内心震惊；形容十分恐怖	+	+
25	随心所欲　从心所欲	后指任凭自己的意愿，想要怎样就怎样	+	+
26	粗心大意	做事不细心，马虎	+	+
27	促膝谈心	促：靠近；靠近坐着谈心里话	+	+
28	大快人心　人心大快	使人心里非常痛快	+	+
29	胆颤心惊　心惊胆战	形容十分害怕	+	+
30	胆大心细	做事既果断又欣喜	+	+
31	得手应心　得心应手	谓心手相应，运用自如	+	+
32	低首下心	下心：屈服于人；形容屈服顺从	+	+
33	掉以轻心	掉：摆弄；以轻心摆弄它，指不重视	+	+
34	动魄惊心　惊心动魄	形容内心震动极大	+	+
35	动人心弦	因受感动内心引起共鸣	+	+
36	一见倾心	倾心：一心向往；一见面就产生了爱慕之情	+	+

续表

数目	汉语习（成）语		习（成）语释义	隐喻	转喻
37	独具匠心	匠心独具	具有独特的想法和创造性	+	+
38	震撼人心		形容某件事对人震动很大	+	+
39	耳软心活		耳根软，心眼活；形容自己没有主见，凡事相信别人	+	+
40	三心二意	三心两意	形容犹豫不决，或意志不专一	+	+
41	有心无力		谓有帮助的心意，没有帮助解决困难的能力	+	+
42	费尽心机		心机：心思计谋；用尽心思，想尽办法	+	+
43	费力劳心	费心劳力	谓耗费心思和气力	+	+
44	佛口蛇心	蛇心佛口	嘴上说得好听，心地及其狠毒	+	+
45	福至心灵		谓人遇福运，心思也变得聪慧起来	+	+
46	抚心自问	扪心自问	摸着胸口向自己发问；指反省自己的行为	+	+
47	腹诽心谤		口里不说，内心深怀不满	+	+
48	心腹大患	心腹之患	心腹：喻要害；比喻致命的祸患	+	+
49	甘心情愿		心是乐意的，情是愿意的；指完全出于自愿	+	+
50	高下任心	高下在心	谓估量实情，采取适当办法	+	+
51	革面洗心	洗心革面	洗心：清除邪恶之心思；比喻彻底悔改	+	+
52	勾心斗角	钩心斗角	心：宫室的中心；比喻各用心机，明争暗斗	+	+
53	狼心狗肺	狗肺狼心	比喻心肠像狼和狗一样凶恶狠毒	+	
54	蛊惑人心		比喻用谣言来欺骗、迷惑和煽动人们	+	+
55	归心如箭	归心似箭	形容返回心切	+	+
56	灰心丧气	灰心丧意	使心意灰冷	+	+
57	回心转意	心回意转	转变原来的想法和态度	+	+
58	蕙心兰质	蕙质兰心	比喻女子心地纯洁，性情高雅	+	+
59	痛心疾首	疾首痛心	心痛，头也痛；形容伤心痛恨到极点	+	+
60	计上心来	计上心头	计谋涌上心来	+	+
61	一心一计	一心一意	心思意念专一		+
62	剑胆琴心	琴心剑胆	抚琴怡心，倚剑仗胆；比喻文人既有柔情，又有胆识	+	+
63	江心补漏		船到江心才补漏洞；比喻错失时机，已无济于事	+	+
64	将心比心		设身处地为别人着想，体会别人的心理	+	+
65	降心相从		使自己的心意受屈而去服从别人	+	+
66	一片冰心		比喻恬情淡泊，不热衷功名，也比喻心地纯洁	+	+
67	锦心绣口	绣口锦心	比喻满腹文章，才思横溢	+	+
68	尽心竭力	尽心尽力	用尽心思　使出全力	+	+
69	自出心裁		心裁：心中的设计、构思；指出于自己的构思	+	+

续表

数目	汉语习（成）语	习（成）语释义	隐喻	转喻
70	精心励志	磨炼意志，使心意纯正专一	+	+
71	眷眷之心	依恋不舍之心	+	+
72	开心见诚	坦白直率，真心实意地与人接触	+	+
73	可心如意	符合心意	+	+
74	刻骨铭心　铭心刻骨	形容记忆极深，永远忘不了；常用为感激之词	+	+
75	做贼心虚	比喻做了坏事的人，总怕被别人知道，处处疑神疑鬼	+	+
76	口不应心	说的做的与心里想的不一致	+	+
77	口快心直　心直口快	性情爽直，嘴巴爽快，即有什么就说什么	+	+
78	口是心非	嘴里说的是一套，心里想的又是一套；指心口不一致	+	+
79	苦口婆心	婆心：像老婆婆一样仁慈的心肠；形容恳切耐心地再三劝告	+	+
80	苦心孤诣	煞费苦心地钻研，在学问技艺等方面达到别人达不到的境地	+	+
81	苦心经营	费尽心思去筹划安排某事	+	+
82	离心离德	失去共同的信念和思想；谓人心各异，行动不一致	+	+
83	力不从心　力不副心	心里想做某事而力量办不到，即心有余而力不足	+	+
84	利欲熏心	贪图名利的欲望迷住了心窍	+	+
85	沥血叩心　呕心沥血	滴出血汁，叩打心房；比喻费尽心血	+	+
86	事（日）久见人心	时间长久了才可以看出人心的好坏	+	+
87	齐心协力　同心协力	团结一致，共同努力	+	+
88	乱箭攒心	攒：积聚，乱箭射在心窠里；比喻内心极端痛苦	+	+
89	壮心不已	谓年虽老而志不衰	+	+
90	瞒心昧己　昧己瞒心	瞒：欺骗；谓行事奸诈，违背良心	+	+
91	漫不经心	随随便便不放在心上	+	+
92	扪心无愧	扪：摸；表示光明磊落没有什么可以惭愧的	+	+
93	明心见性	谓摒弃世俗的一切意识，大彻大悟，显现人的本性	+	+
94	漠不关心	态度冷淡，毫不关心	+	+
95	用心良苦	很费了一番考虑	+	+
96	诛心之论	只推究其用心而定罪；指揭穿别人动机的批评	+	+
97	忧心如焚	愁的心里像火在煎熬一样；形容非常忧虑焦急	+	+
98	忧心忡忡	忡忡：忧虑不安；形容心事重重、十分不安的样子	+	+
99	平心定气　平心静气	心情平和，态度冷静	+	+
100	平心而论	心平气和地议论	+	+

续表

数目	汉语习（成）语	习（成）语释义	隐喻	转喻
101	语重心长	言辞恳切而有分量，情谊深长	+	+
102	沁人心脾　沁入肺腑	形容美好的诗文、乐曲极为动人	+	+
103	倾心吐胆　吐胆倾心	比喻讲心里话	+	+
104	清心寡欲	谓清除杂念，减少欲念，保持心地宁静	+	+
105	全无心肝	毫无羞耻之心，也指心地狠毒	+	+
106	全心全意	一心一意，无其他想法	+	+
107	人面兽心　兽心人面	品质恶劣，外貌像人，内心却狠毒，犹如野兽一般	+	+
108	人心不古	古：古代的社会风尚；今人的心地不如古人淳厚	+	+
109	人心惶惶　人心皇皇	形容众人惶恐不安	+	+
110	人心莫测　人心叵测	人的心思难以揣测	+	+
111	运用之妙，存乎一心	运用的巧妙、灵活，全在于思考；指手段极其灵活，高超	+	+
112	人心如面	人的思想情况像人的面孔一样；意谓各不相同	+	+
113	人心所归　人心所向	大众所向往的，所拥护的	+	+
114	人心惟危	谓人心地险恶，不可揣测	+	+
115	人心向背	人民群众所拥护或反对的	+	+
116	煞费苦心	费尽心思	+	+
117	伤心惨目	极其悲惨，使人不忍心看	+	+
118	赏心乐事	欢畅的心情和快乐的事情	+	+
119	赏心悦目	赏心：心情欢畅，悦目：看了舒服；美好景色看了心情舒畅	+	+
120	宅心忠厚	宅心：居心；指人忠心而厚道	+	+
121	身心交瘁	身体精神都过度劳累	+	+
122	深入人心	思想、理论、学说、主张等为人们所理解和接受	+	+
123	心旷神怡　心怡神旷	旷：开阔，开朗；心境开阔，精神愉悦	+	+
124	师心自是　师心自用	师心：以心为师；谓固执己见，自以为是	+	+
125	率土归心　率土宅心	率土：四海之内，宅心：归心；犹言天下归心	+	+
126	爽心悦目	眼前的景物看去使人心情舒畅，眼睛愉快	+	+
127	司马昭之心	比喻人所共知的阴谋、野心	+	+
128	私心杂念	为个人或小集体私利打算	+	+
129	死心搭地　死心塌地	定下主意，不再改变；心甘情愿	+	+
130	夙心往志	平素的心愿，以往的志向		+
131	贪心不足　贪心无厌	贪得无厌	+	+

续表

数目	汉语习（成）语		习（成）语释义	隐喻	转喻
132	痰迷心窍		形容精神迷乱或痴呆	+	+
133	疼心泣血	痛心泣血	痛煞心田，哭出血泪；形容悲痛之极	+	+
134	提心吊胆	悬心吊胆	形容担忧恐惧，安不下心来	+	+
135	天理良心		人的天性和善心	+	+
136	铁肠石心	铁石心肠	心肠坚如铁石；形容人不为感情所动	+	+
137	同德同心	同心同德	心，德：都指思想认识；思想认识一致，共同努力	+	+
138	童心未泯		谓年岁虽大而犹存天真之心	+	+
139	痛心疾首		心也痛，头也痛；形容伤心痛恨到极点	+	+
140	吐胆倾心		比喻讲心里话	+	+
141	挖空心思		形容费尽心机，想尽办法	+	+
142	万箭穿心	万箭攒心	好像一万支箭射到心中；比喻内心痛苦之极	+	+
143	万众一心		形容众人精诚团结	+	+
144	枉费心机	枉费心计	枉用心机，白白浪费心思与精力	+	+
145	违心之论		违背本心的话	+	+
146	问心无愧		扪心自问而毫无羞愧	+	+
147	洗心涤虑		谓彻底改变思想	+	+
148	洗心革意	洗心革志	洗心：清除邪恶之心思；谓改变旧有心思和意向	+	+
149	小心谨慎	小心敬慎	言谈举动极为谨慎，不敢越轨	+	+
150	小心翼翼	翼翼小心	谓恭敬谨慎的样子	+	+
151	心安理得		心神安适，道理自得，自信事情做得合于正理而心里坦然	+	+
152	心安神泰		心神安宁，泰然自若	+	+
153	心谤腹非	心腹诽谤	谓口里不说，心里谴责反对	+	+
154	心不应口		心里想的不合嘴里说的	+	+
155	心不在焉		指心神不属，思想不集中	+	+
156	心慈面软		软：柔和，温和；谓心地慈善，面貌温和	+	+
157	心粗胆大	心粗胆壮	心地粗率，胆子偌大；形容野心勃勃，肆无忌惮	+	+
158	心粗气浮		心地粗率，脾气急躁	+	+
159	心荡神迷	心荡神怡	形容神魂颠倒，不能自持	+	+
160	心烦意乱	心烦虑乱	心情烦躁，思绪纷扰	+	+
161	心腹大患	心腹重患	严重隐患或要害部门的大患	+	+
162	心腹之交		心腹：谓亲信；指贴心的朋友	+	+
163	心高气傲	心高气硬	谓自视高人一等而傲气溢于言表	+	+

续表

数目	汉语习（成）语		习（成）语释义	隐喻	转喻
164	心寒胆落	心寒胆战	心一害怕，胆就落下；形容恐慌畏惧	+	+
165	心和气平	心平气和	心气平和	+	+
166	心狠手辣		心肠凶狠，手段毒辣	+	+
167	心花怒放	心花怒发	心里高兴得像花儿盛开一样；形容喜悦兴奋之极	+	+
168	心怀鬼胎		心里揣着见不得人的念头或事情	+	+
169	心怀叵测		居心险恶，不可测度	+	+
170	心慌意乱	意乱心慌	心意惊慌忙乱	+	+
171	心灰意懒	心灰意冷	心情失望，意志消沉	+	+
172	心急如焚	心焦如火	心中焦躁，像着了火一样；形容焦灼难忍的心情	+	+
173	心坚石穿		只要心意坚定，石盘也可钻穿；比喻任何困难都可以克服	+	+
174	心惊肉跳	心惊肉战	形容祸患临头，恐惧不安的情况	+	+
175	心口不一		心里想的和嘴上说的不一样；形容为人虚伪，奸诈	+	+
176	心口如一		心和口像一样，就是心里怎样想，嘴上就怎样说	+	+
177	心宽体胖	心广体胖	心情舒畅，身体肥胖	+	+
178	心劳日拙		拙：困窘；谓费尽心力，反而越弄越糟	+	+
179	真心诚意	真心实意	心意真实恳切	+	+
180	心灵手巧		心思灵敏，手艺工巧	+	+
181	心领神会	心领神悟	心领神会，谓心里领悟明白	+	+
182	心乱如麻	心绪如麻	心中烦乱无绪，像一团乱麻	+	+
183	心满意足	心满愿足	心愿满足	+	+
184	心眼明亮		心里明白，眼睛雪亮；形容看问题敏锐，能明辨是非	+	+
185	心如刀割	心如刀绞	心里像被刀割一样；形容心痛之极	+	
186	心若死灰	心如死灰	心像熄灭的灰烬；现多用于形容灰心失意的心情	+	+
187	心如坚石	心如铁石	心像铁石一样坚硬；形容操守忠贞，坚定不移	+	+
188	心如止水		心像静止不流动的水；形容固守正道，不为世俗所动	+	+
189	心神不定		心神不宁	+	+
190	心神恍惚		心神不安宁	+	+
191	心手相应		心和手相配合；即心里想的，手里就可办到，配合很好	+	+
192	心术不正		心术：心思运用的方术；心术不正指居心不良	+	+
193	心无二想	心无二用	一心不能用于两事。即专心一志	+	+
194	心细如发		形容心思极其细致	+	+
195	忠心耿耿		耿耿：牢记不忘；忠诚的心，牢记不忘	+	+
196	心向往之		对某个人或事物心里很向往	+	+

续表

数目	汉语习（成）语	习（成）语释义	隐喻	转喻
197	心心念念	心心：指所有的心思；形容一心一意地思念或想念	+	+
198	心心相印	心：心意，感情；形容彼此心意相通，思想感情完全一致	+	+
199	心血来潮	心里的血像来到的潮水；指心中突然产生某种念头	+	+
200	心有灵犀一点通	比喻青年恋人心心相印，后指双方心意相通	+	+
201	心有余而力不足	心里有多余的愿望，但能力不足，无法去做	+	+
202	心有余悸	心中还残留着多余的害怕	+	+
203	心猿意马　意马心猿	佛教用语，比喻凡心无常，无定而多变，心神不定	+	+
204	心照不宣	彼此心里知晓，不用明说	+	+
205	心中无数　胸中无数	胸中没有数字；比喻对情况不够了解，处理事情没有把握	+	+
206	心中有数　胸中有数	胸中有个数字；比喻对情况基本了解，处理事情有一定把握	+	+
207	雄心勃勃	形容理想和抱负非常远大	+	+
208	雄心壮志	宏大的胸怀，豪壮的志向	+	+
209	熊心豹胆	形容胆量极大	+	+
210	言为心声	言语是人的内心思想的反映	+	+
211	眼不见，心不烦	只要眼睛没有看见，心里就不会烦恼	+	+
212	野心勃勃	野心：非分的欲望；形容野心极大	+	+

附录二：英语人体部位习语表

body（身）

数目	英语习语	习语释义	隐喻	转喻
1	a busy body	好事的人（含贬义）		+
2	a body-blow	严重损失；大挫折	+	
3	body and soul	全身心地；全心全意		+
4	keep body and soul together	勉强维持生计	+	+
5	over my dead body	（表示强烈反对）除非我死了	+	+

bone/bones（骨）

数目	英语习语	习语释义	隐喻	转喻
1	a bone of contention	争议的焦点	+	
2	bone idle/idle to the bone	非常懒惰的；懒得要命的	+	
3	cut to the bone	尽量缩减；减少到最低限度	+	
4	close to the bone/near the bone	（话语）过于直率，不留情面	+	
5	dry as a bone；bone-dry	十分干燥；干透的	+	+
6	have a bone to pick with someone	有理由争辩，对某人有不满之处	+	+
7	have a bone in one's throat	（常用作不发言表态的借口）开不了口	+	+
8	skin and bone	瘦骨嶙峋		+
9	a bag of bones	骨瘦如柴的人（或动物）		+
10	a lazy bones	懒鬼；懒骨头		+
11	feel it in your bones	有预感；凭直觉感觉到	+	
12	make no bones about sth.	毫不隐讳；开诚布公；坦率直言	+	
13	the bare bones	梗概，概要，基本事实	+	
14	in one's bones	天性如此	+	
15	work one's fingers to the bone	拼命地干活	+	+

head/heads（头/首）

数目	英语习语	习语释义	隐喻	转喻
1	bang your head against a brick wall	徒劳无益；枉费心机	+	
2	bite/snap someone's head off	（无道理地）呵斥某人		+
3	bury /hide your head in the sand	采取鸵鸟政策；不正视现实；回避问题	+	
4	do sth. standing on your head	做某事毫不费力（或轻而易举）	+	
5	cannot make head or tail of sth.	一点都不理解；茫无头绪	+	
6	bring sth. /come to a head	（使事情）到了紧要关头	+	+
7	a cool head	冷静	+	+
8	do your head in	使某人困惑	+	+
9	fall head over heels	迷恋；深爱着	+	+
10	from head to foot	从头到脚；全身		+
11	get sth. into sb.'s head	（使）充分理解，明白	+	+
12	go over sb.'s head	不通知某人就做某事；越级	+	+
13	get your head around something	努力理解困难之事	+	+
14	go to your head	（酒）上头；（成功等）冲昏头脑	+	+
15	give someone his head	放任自主；让某人随意而为	+	+
16	hang over sb.'s head	（可能出现的问题等）烦扰着某人，威胁某人	+	+
17	have eyes in the back of your head	背后长眼；眼观六路（喻目光敏锐）	+	+
18	have your head in the clouds	好幻想；想入非非	+	+
19	have your head screwed on	头脑清醒；理智	+	+
20	have a swollen head	自吹自擂，自我吹嘘	+	+
21	have a (good) head on one's shoulders	聪明，精明，有头脑	+	+
22	head and shoulders above someone	远比某人/某事物出色；大大超过	+	+
23	hit the nail on the head	正中要害，一针见血，完全正确	+	
24	hold/put a gun to someone's head	威胁某人；胁迫某人就范		+
25	hot-head	莽撞的人，性急的人		+
26	keep your head	保持镇静		+
27	keep your head above water	设法不负债；能应付工作；能过得去	+	
28	keep your head down	避免引起注意；保持低姿态；低调行事		+
29	knock someone on the head	阻止某事发生	+	
30	laugh your head off	大笑不止；狂笑不已		+

续表

数目	英语习语	习语释义	隐喻	转喻
31	let your heart rule your head	情感战胜了理智；感情用事		+
32	lose your head	失去自制，昏了头，张皇失措，心烦意乱		+
33	like a bear with a sore head	脾气很坏的；易怒的		+
34	need sth. like a hole in the head	绝对不需要，不想要	+	
35	not right in the head	神志完全不正常的		+
36	off the top of your head	单凭猜测；信口地；不假思索地	+	+
37	on your head be it	归咎于某人；后果自负	+	+
38	out of/off your head	疯了；神经错乱		+
39	over /above sb.'s head	超出某人的理解	+	+
40	pop into one's head	头脑里突然闪过，突然想起	+	+
41	put ideas into someone's head	使某人抱有空想；让人想入非非	+	+
42	put sth. out of one's head	不再想某事；打消（念头）	+	+
43	put your head above the parapet	冒险	+	+
44	put your head in a noose	自入圈套；自投罗网；自寻死路	+	+
45	put your head into the lion's mouth	使自己身处险境；冒大险	+	+
46	put your head on the block	把自己搭进去	+	+
47	put /lay their heads together	集思广益	+	+
48	rear its head	（不受欢迎的事物）露头；（再次）出现	+	+
49	a rush of blood to the head	一时冲动；激动地冲昏了头脑	+	+
50	scratch your head	绞尽脑汁；苦思冥想	+	+
51	turn/stand something on its head	倒置；提出不同的观点（或看法）	+	
52	turn sb.'s head	（成功）冲昏某人的头脑	+	+
53	be/go soft in the head	脑子有毛病；发疯；犯傻	+	+
54	sb. needs his/her head examined	发疯；脑袋有毛病	+	+
55	take it into your head to do sth.	心血来潮；突发奇想	+	+
56	sb.'s eyes are popping out of his /her head	（惊讶得）眼珠都快掉出来了	+	+

face/faces（脸）

数目	英语习语	习语释义	隐喻	转喻
1	a slap in the face	一记耳光；侮辱；打击	+	+
2	blow up in your face	（情况、计划、方案等）突然结束（或失败）	+	+

续表

数目	英语习语	习语释义	隐喻	转喻
3	come face to face with	与某人面对面；面对某种处境	+	+
4	cut off your nose to spite your face	想伤害他人结果反倒害了自己	+	
5	disappear/vanish off the face of the earth	彻底消失	+	+
6	(do sth.) until one is blue in the face	极尽努力（也没有成功）	+	+
7	egg on your face	出丑；出洋相	+	+
8	face the music	承担自己言行的后果	+	+
9	fall flat on your face	彻底失败；惨败	+	+
10	fly in the face of sth.	公然违抗；与……相悖	+	+
11	get in someone's face	惹某人生气	+	+
12	get out of someone's face	滚开	+	+
13	his/her face is like the thunder	某人满面怒容	+	+
14	in-your-face	（态度或表演）刺激性的	+	+
15	keep a straight face	绷着脸；忍住不笑	+	+
16	laugh in sb.'s face	当面嘲笑；公开蔑视	+	+
17	laugh on the other side of your face	转喜为忧；得意变失意	+	+
18	look someone in the face	正视某人		+
19	lose face	（因为失败而）丢脸；失面子	+	+
20	make/pull a face at sb./sth.	（向……）做鬼脸（以示不满或使对方发笑）	+	+
21	have the face to do sth.	厚脸皮	+	+
22	pull (wear) a long face	闷闷不乐；哭丧着脸；愁眉苦脸	+	+
23	on the face of it	从表面判断	+	
24	put on a brave face	强装勇敢（或快乐）佯装满不在乎	+	+
25	save face	（使）保全面子	+	+
26	set your face against sth.	沉下脸反对；坚决反对	+	+
27	show your face	露面（尤指不受欢迎时）		
28	someone is not just a pretty face	不是徒有其表	+	+
29	stare sth. in the face	不可避免；就在眼前		
30	shut your face	闭嘴	+	+
31	take sb./sth. at face value	对……信以为真；按字面义（或表面）来理解	+	+
32	to someone's face	当着某人的面（说某事）		+
33	throw something back in someone's face	把某物当面扔给某人；当面拒绝	+	+

续表

数目	英语习语	习语释义	隐喻	转喻
34	until you are blue in the face	极尽努力（也没有成功）	+	
35	written all over your face	形之于色；（情感）全挂在脸上	+	
36	your/sb.'s face doesn't fit	没有……相；长得不合适	+	+

eye/eyes（眼）

数目	英语习语	习语释义	隐喻	转喻
1	a bird's-eye view	鸟瞰；俯视	+	+
2	an eagle eye likes a hawk	敏锐的目光	+	+
3	an eye for an eye	以眼还眼	+	
4	give someone a black eye	事故、挨打等造成的青黑色的眼眶	+	+
5	a gleam in your eye	某人的一个构想	+	+
6	a private eye	私家侦探		+
7	a sight for sore eyes	使人看着高兴；受欢迎	+	+
8	all eyes are on someone	在众目睽睽之下；受大家瞩目	+	+
9	before your eyes	就在眼前；当着……的面		+
10	be all eyes	目不转睛；十分专注地看	+	+
11	be an eye-opener	使人大开眼界的经历	+	+
12	cast your eyes on sth.	瞟一眼；扫一眼；粗略地看一下	+	+
13	clap/lay/set eyes on sb./sth.	看见某人/某物	+	+
14	catch someone's eye	引起某人注意；惹人注目	+	+
15	cock an eye at sth./sb.	凝神细看	+	+
16	for sb.'s eyes only	只给某人看；只供某人亲阅	+	+
17	feast your eyes on sth.	大饱眼福；尽情欣赏	+	+
18	get your eye in	具有目测（球的距离、速度）能力，眼光准确	+	+
19	give sb. the evil eye	恶狠狠地看某人一眼	+	+
20	have an eye for the main chance	善用机会为自己谋利	+	+
21	hit /make/score the bull's eye	命中靶心，打中要害，达到既定目的	+	
22	have your beady eye on sb./sth.	瞪大眼睛仔细观察某人或某物	+	+
23	have a roving eye	眼睛贼溜溜地转；寻隙下手	+	+
24	have eyes in the back of your head	背后长眼；眼观六路（喻目光敏锐）	+	+
25	have stars in your eyes	美滋滋的；充满了美好的憧憬	+	+

续表

数目	英语习语	习语释义	隐喻	转喻
26	have an eye for	对……判断准确；有眼光	+	+
27	in the twinkling of an eye	眨眼间；瞬间	+	+
28	in the public eye	（在电视、报纸上）频频出现的，广为人知的	+	+
29	in your mind's eye	在脑海中；在想象中	+	+
30	in a pig's eye	绝对不是真的；完全不可能	+	
31	keep your eyes peeled	小心；谨慎小心	+	+
32	keep your eye on the ball	警惕；戒备；小心地行动	+	+
33	keep an eye on sb./sth.	照看，照顾	+	+
34	keep your eyes open for sb./sth.	保持警惕；密切注意	+	
35	keep a close eye on sb./sth.	密切注视；严密监视	+	+
36	keep a weather eye on sth.	随时留意；小心提防	+	+
37	keep an eye out for sb./sth.	留心仔细观察	+	+
38	look someone in the eye	面对某人，正视某人	+	+
39	meet someone's eye	目之所见；映入眼帘	+	+
40	not a dry eye in the house	无人不感动；无人不流泪	+	+
41	not bat an eye	不露声色，不做表示	+	+
42	out of the corner of your eye	用眼角的余光；间接地	+	+
43	make sheep's eyes at sb.	向某人抛媚眼；（笨拙地）向某人讨好	+	+
44	not take your eyes off sb./sth.	目不转睛地看	+	+
45	only have eyes for someone	只对某人感兴趣	+	+
46	open your eyes to sth.	使某人认清；使某人注意到	+	+
47	open the eyes of someone	使某人了解；使某人看清	+	+
48	pull the wool over someone's eyes	欺骗某人，蒙蔽某人	+	
49	see eye to eye	意见相同，看法完全一致	+	+
50	someone's eyes are popping out of his/her head	（惊讶得）眼珠都快掉出来了	+	+
51	spit in the eye of	蔑视	+	+
52	there's more to sth. than meets the eye	某人（物）比表面上看到的要复杂（或有趣等）	+	
53	turn a blind eye to sth.	假装没有看见；装作毫不知情	+	+
54	the apple of your eye	心肝宝贝；掌上明珠	+	+
55	the naked eye	肉眼	+	+

续表

数目	英语习语	习语释义	隐喻	转喻
56	under the eye of sb.	在某人的严密观察下；在某人的注视下	+	+
57	up to your eyes in sth.	深陷于……；忙于……	+	+
58	with an eye for sth.	留心看	+	+
59	with an eye to (doing) sth.	着眼于；有意做某事	+	+
60	would give your eye teeth for sth.	为得到……不惜任何代价；迫切想要	+	
61	with your eyes glued to sth.	盯住……不放	+	+
62	with one's eyes shut	（由于熟悉）闭着眼睛也可做某事；毫不费力	+	+

mouth （嘴）

数目	英语习语	习语释义	隐喻	转喻
1	all mouth	只说不做	+	+
2	a plum in your mouth	用典型的英国上流社会口音说话	+	+
3	born with a silver spoon in your mouth	出身富裕	+	+
4	butter wouldn't melt in your mouth	假装一副老实样	+	+
5	down in the mouth	闷闷不乐；沮丧	+	+
6	foam at the mouth	大怒	+	+
7	from the horse's mouth	（信息等）直接的，可靠的	+	+
8	hand-to-mouth	勉强维持的生活	+	+
9	keep your mouth shut	保守秘密；保持缄默	+	
10	laugh out of the other side of your mouth	转喜为悲	+	+
11	leave a bad taste in your mouth	（某种经历）给某人留下坏印象	+	+
12	live from hand to mouth	勉强糊口	+	+
13	look a gift horse in the mouth	对送的礼物不满意	+	
14	make your mouth water	使某人馋得流口水	+	+
15	open your big mouth	多嘴	+	+
16	put words into someone's mouth	硬说某人说过某些话	+	+
17	put your foot in your mouth	（无意中）冒犯某人，闯祸	+	+
18	put your head into the lion's mouth	冒大险	+	+
19	put your money where your mouth is	说话兑现；用行动证明自己的话	+	+
20	shoot your mouth off	随便乱说	+	+
21	take the words out of someone's mouth	说出某人想说的话；说中别人的意思	+	+

续表

数目	英语习语	习语释义	隐喻	转喻
22	your heart is in your mouth	非常紧张；吓得要命	+	+
23	watch your mouth	说话当心；注意说话方式	+	+

hand/hands（手）

数目	英语习语	习语释义	隐喻	转喻
1	ask for /win sb.'s hand	求婚，答应求婚	+	+
2	a bird in the hand	一鸟在手胜过二鸟在林	+	+
3	a heavy hand	高压手段；粗暴的方式	+	+
4	an iron hand/fist in a velvet glove	外柔内刚；（戴天鹅绒手套的）铁拳头	+	+
5	a dab hand at sth.	是……能手；做某事很在行；某方面技术熟练	+	+
6	a show of hands	举手表决	+	+
7	a pair of hands	能做事的人；人手	+	+
8	all hands on deck	（尤指紧急状况下）同舟共济，齐心协力	+	+
9	be an old hand at sth.	经验丰富的人，老手	+	+
10	change hands	换主人；易主；转手	+	+
11	count sth. on the fingers of one hand	屈指可数；寥寥无几	+	
12	force someone's hand	迫使某人改变计划	+	+
13	fall into someone's hands	落入某人手里；被某人掌握	+	+
14	get your hands dirty	做体力活		
15	get your hands on sb.	（主要用于威胁）抓住（做坏事的人）	+	+
16	get your hands on sth.	把……弄到手；得到（非常想要的东西）	+	+
17	go cap in hand to sb.	谦卑地讨要；恭敬地索取	+	+
18	give someone a hand	帮助某人，给某人帮忙，助某人一臂之力	+	+
19	give someone a free hand	让某人自由选择，让某人全权处理	+	+
20	get out of hand	变得难以控制	+	+
21	go hand in hand（with sth.）	（与某事）紧密联系	+	+
22	give someone a big hand	热烈鼓掌	+	+
23	have one's hands full	忙得不可开交	+	+
24	have time on your hands	很空闲	+	+
25	hand in glove with sb.	和某人关系亲密，勾结，串通	+	
26	have a free hand	有自由发挥的机会；可以自己做主	+	+

续表

数目	英语习语	习语释义	隐喻	转喻
27	have the upper hand over sb.	（尤指在斗争或竞争中）占上风；有控制权	+	+
28	hand on heart	发誓		+
29	hold someone's hand	援手；在困境中给某人帮助、支持等	+	+
30	hand over fist	迅速地	+	+
31	hand someone sth. on a plate	将某物拱手送给某人	+	+
32	have/take a hand in sth.	参与，介入（尤指坏事）	+	+
33	have someone in the palm of your hand	完全控制某人	+	+
34	have someone eating out of your hand	彻底控制某人；使某人完全服从自己	+	
35	have the whip hand	执掌大权；控制某人	+	+
36	have to hand it to someone	（不得不）赞扬某人，承认某人的长处	+	+
37	have your hand in the till	监守自盗；偷自己工作单位的钱	+	+
38	have sb.'s blood on your hands	对某人的死亡罪责难逃	+	+
39	have clean hands	无罪；清白；正派	+	+
40	in hand	任务、事情等在处理中；在讨论中	+	+
41	in safe/good hands	由可信的人（或机构）照料；受到很好的照顾	+	+
42	join hands with sb.	共同做某事；合作；联合	+	+
43	know something like the back/palm of one's hand	对某事知道得很清楚，对某事了如指掌	+	+
44	keep your hand in	经常练习（以保持熟练）	+	+
45	lend someone a hand	帮助，帮忙	+	+
46	live from hand to mouth	勉强糊口	+	+
47	many hands make light work	人多好办事	+	+
48	not much of a hand	外行；不善于……	+	+
49	on hand	在手边，在手头，现有的	+	+
50	off your hands	不再由某人负责	+	+
51	on your hands	（指工作等）待处理，待办；由某人负责	+	+
52	out of hand	立即；不假思索地	+	+
53	overplay your hand	不自量力；高估自己	+	+
54	on every hand	左右两边；四面八方；到处		+
55	out of your hands	不再由某人控制（或负责）	+	+
56	put your hand into your pocket	花钱；掏腰包	+	

续表

数目	英语习语	习语释义	隐喻	转喻
57	play into someone's hands	自投罗网；正中某人下怀	+	+
58	putty in your hands	对……百依百顺；受某人摆布	+	+
59	rule sb. /sth. with an iron hand	严格管制；实行铁腕统治	+	+
60	show your hand	摊牌；公开自己的意图	+	+
61	stay your hand	停止做某事；使某人罢手	+	+
62	sleight of hand	（隐蔽的）敏捷手法；巧妙手法；骗人的手腕	+	+
63	shake hands on sth.	为（签订协议、达成交易等）与某人握手		+
64	sit on your hands	拖延着不采取行动	+	+
65	take your courage in both hands	鼓起勇气；敢作敢为	+	+
66	take matters into your own hands	（不想等他人来做）自己动手，自己解决	+	+
67	take the law into your own hands	不通过法律擅自处理；私自治罪	+	+
68	take your life into your hands	冒生命危险，以生命为儿戏	+	+
69	tie one's hands	束缚某人的手脚，使某人束手无策	+	+
70	try one's hand at	尝试一下，试试身手	+	+
71	take someone in hand	照管……；担负起对……的责任	+	+
72	the dead hand of sth.	决定性影响；障碍	+	+
73	throw your hand in	（尤指不成功而）放弃，认输	+	+
74	try your hand at sth.	试试身手；尝试	+	+
75	turn your hand to sth.	着手做某事；有能力做某事	+	+
76	take sth. /sb. off sb.'s hands	拿走（不想要的东西）；使……不再由某人负责	+	+
77	wait on someone hand and foot	殷勤地侍候某人	+	+
78	with one's hand tied behind your back	束手束脚地；轻而易举地	+	+
79	win sb. hands down	轻易取胜	+	+
80	wash your hands of sth. /sb.	不再过问；脱离关系；洗手不干	+	+
81	with your bare hands	赤手空拳；徒手		+
82	wring your hands	（尤指因为焦急或烦恼）扭绞双手	+	+

foot/feet（脚）

数目	英语习语	习语释义	隐喻	转喻
1	be rushed off your feet	奔忙；忙的马不停蹄	+	+
2	bind/tie sb. hand and foot	限制某人行动的自由	+	+

续表

数目	英语习语	习语释义	隐喻	转喻
3	cut the ground from under someone's feet	破坏某人的计划；拆台	+	
4	drag one's feet	走得很慢，脚步滞重	+	+
5	dead on your feet	非常疲劳	+	+
6	feet of clay	（受尊敬的人）品格上的缺陷（或缺点）	+	
7	foot the bill	负担（大量的）费用	+	
8	from head to foot	从头到脚；全身		+
9	find your feet	适应新的工作（或环境等）	+	+
10	catch sb. on the wrong foot	使某人措手不及	+	+
11	get off on the wrong foot	一开头就不顺利，犯大错，瞎闯	+	+
12	get one's feet wet	开始，第一次做某事	+	+
13	get cold feet	临阵退缩；胆怯	+	+
14	get your feet under the table	在新局面下牢固确立自己的地位	+	+
15	have a foot in the door	开始被某组织（或行业等）接受	+	+
16	have two left feet	笨手笨脚，不灵活	+	+
17	have a foot in both camps	脚踩两只船	+	
18	have one foot in the grave	行将就木；已经半截入土	+	+
19	shake the dust of somewhere from your feet	愤然离开；轻蔑地离开	+	+
20	have itchy feet	渴望旅行（或搬家、换工作等）	+	+
21	keep your feet on the ground	脚踏实地；讲求实际	+	+
22	land on your feet	安然脱离险境；（无论发生什么）总会成功	+	
23	never/not put/set a foot wrong	从来不犯错误	+	+
24	not let the grass grow under your feet	积极行动；抓住时机，尽快行动	+	+
25	put your foot down	踩油门；利用权力制止；坚决反对	+	
26	put one's foot in your mouth	（无意中）冒犯某人；闯祸	+	+
27	put your best foot forward	从速行事	+	
28	pull the rug out from under your feet	突然停止帮助（或支持、信任）某人	+	+
29	put your feet up	坐着（或躺着）放松；休息	+	+
30	start off on the right/wrong foot with sb.	（关系）一开始就很顺利/不顺利	+	+
31	stand on one's own two feet	独立自主	+	+
32	sweep someone off one's feet	把某人击倒，把某人迷住	+	+
33	think on your feet	头脑反应快，立即做出决定	+	+

续表

数目	英语习语	习语释义	隐喻	转喻
34	the boot is on the other foot	情况与原来相反；此一时，彼一时	+	
35	under someone's feet	挡某人的道；妨碍某人工作	+	
36	vote with your feet	用脚投票；以退席来表示不满	+	+
37	wait on sb. hand and foot	殷勤地侍候某人；让某人饭来张口衣来伸手	+	+

Back（背）

数目	英语习语	习语释义	隐喻	转喻
1	a pat/slap on the back	赞扬；鼓励	+	
2	a stab in the back	伤人的暗箭；诽谤；背叛行为	+	
3	at/in the back of sb.'s mind	在某人脑海深处	+	+
4	at sb.'s back	做某人后盾，给某人撑腰；（紧紧）在某人之后	+	+
5	at the back of	作为……背后的原因；作为……的祸根	+	+
6	back and belly	喻衣食；腹背，前前后后	+	+
7	back and forth	来回地；反复地	+	
8	be fed up to the back/teeth with sb.	对某事及其厌倦（或不满）	+	+
9	be flat on one's back	卧病	+	+
10	be no skin off sb.'s back/nose	跟某人毫不相干；某人一点都不介意	+	+
11	behind one's back	背着某人	+	+
12	break one's back	折断自己的脊骨；尽最大努力，拼命干	+	
13	break the back of	摧垮；完成……的大部分（或最艰巨部分）	+	+
14	by the back door	经后门；不合法地；偷偷摸摸地	+	+
15	carry/take the back	代人受过；背黑锅	+	+
16	cast behind the back	把……丢背后，不念（旧恶）；唾弃	+	+
17	get icebergs down one's back	感到紧张；惊慌不安	+	+
18	get the monkey off one's (sb.'s) back	解除自己（某人）的负担	+	+
19	get the world off one's back	卸下重担	+	+
20	give a back	弯腰拱背	+	+
21	give the shirt off one's back	送掉自己所剩的一切	+	+
22	have eyes in the back of one's head	脑袋背后也长眼睛	+	+
23	have one's back to the wall	处于绝境；走投无路时做困兽斗	+	+

续表

数目	英语习语	习语释义	隐喻	转喻
24	know like the back of one's hand	熟悉；精通	+	
25	like water off/from a duck's back	不起作用；毫无影响	+	
26	make /prepare a rod for one's back	自讨苦吃；自找麻烦	+	+
27	off one's back	不再找某人麻烦；不再缠磨某人	+	+
28	on one's back	仰卧；卧病	+	+
29	on sb.'s back	找某人的麻烦	+	+
30	on the pig's back/ear	走运；幸福之极；洋洋得意	+	+
31	put one's back into	竭尽全力于……	+	+
32	rip up the back	从背后攻击；背后说坏话	+	+
33	scratch sb.'s back	吹捧某人；为了自己方便而给某人方便	+	
34	see the back of	摆脱	+	+
35	talk through the back of one's neck/head	信口开河；随口乱说	+	+
36	the back of beyond	天涯海角；穷乡僻壤		+
37	the back of one's hand	斥责；蔑视	+	+
38	the last/final straw that broke the camel's back	一系列打击中最使人无法忍受的事；终于导致垮台的因素	+	
39	the world on one's shoulders/back	沉重的负担；沉重的心事	+	+
40	turn one's back on/upon	轻视；背弃，抛弃；否认	+	+
41	with one hand tied behind one's back	轻而易举地	+	
42	push sth. to the back of your mind	刻意忘掉；把……抛到脑后	+	+
43	take a back seat	起次要作用；退居次要地位	+	+
44	to hell and back	经历过劫难	+	+

heart（心）

数目	英语习语	习语释义	隐喻	转喻
1	absence makes the heart grow fonder	离别情更浓；人不见，心更念	+	+
2	a change of heart	改变态度，改变看法（指变得更亲切、更友好）	+	
3	break one's heart	使……伤心，使……悲痛万分	+	+
4	cross one's heart	在胸口画十字架发誓是真的	+	+
5	close to your heart	为某人喜爱；被某人关注的	+	+
6	eat one's heart out	因为得不到而心碎；因渴求而极其悲伤	+	+
7	from the bottom of your heart	衷心地；由衷地；诚恳地	+	+

续表

数目	英语习语	习语释义	隐喻	转喻
8	get to the heart of sth.	抓住某事的核心，抓住某事的实质	+	+
9	have a heart of gold	有一颗金子般的心，心地善良，慷慨大方	+	+
10	heart is in the right place	心地善良	+	+
11	harden your heart against sb./sth.	心肠变硬；麻木不仁；冷酷无情	+	+
12	your heart goes out to someone	为某人遗憾，同情某人	+	+
13	heart and soul	满腔热忱；全心全意	+	+
14	have a heart	（用于请求某人）发发善心吧，开开恩吧	+	+
15	in one's heart of hearts	在内心深处	+	+
16	lose one's heart to sb./sth.	爱上（某人或某物）	+	+
17	one's heart sinks into one's boots	某人变得非常消沉沮丧	+	+
18	open your heart to sb.	倾诉感情（或难题、忧虑等）	+	+
19	one's heart is in one's mouth	心都跳到嗓子眼里了；吓得要命；非常紧张	+	+
20	sick at heart	很难过；非常失望	+	+
21	a bleeding heart	心肠过软的人；假装同情者	+	+
22	warm the cockles of your heart	使人感到高兴（或同情）	+	+
23	the heart of the matter	问题（或事情）的实质；核心		+
24	take sth. to heart	十分介意；认真考虑、关注（某人的建议等）	+	+
25	to lose heart	失去勇气，失去信心	+	+
26	take heart	鼓起勇气，树立信心	+	+
27	to have one's heart set on sth.	非常想要，迫切希望	+	+
28	to one's heart's content	心满意足地，尽情地，痛痛快快地	+	+
29	your heart isn't in it	对某事不很热衷	+	+
30	wear your heart on your sleeve	公开表露自己的感情（尤指爱情）	+	+
31	your heart sinks	心沉了下去；感到沮丧	+	+
32	your heart bleeds for someone	表示不同情或不怜悯	+	+
33	your heart missed a beat	（因惊恐、兴奋等）心跳停了一下	+	+

附录三： 前测试卷

英语习语测试（前测）

姓名：_____   年级：_____   成绩：_____

说明：

1. 下面是包含 25 个英语习语（用黑体表示）的 25 个句子。

2. 每一个句子中的习语都不完整，缺省的部分空白。

3. 请把 25 个句子通过填空补充完整，要求使用：

(1) 人体部位词（如 head、heart、eyes 等）；

(2) 其他必要的词（如冠词、代词等）。

4. 填空所用的人体部位词既能最好地完善习语的意义，又能完善句子的语法和句子的意义。

5. 填空完成后，请在横线上写下习语的意义。

例 1：

They have been beaten in some games which we should have **won hands down**.

习语意义：somebody wins a game easily

例 2：

We all just sit down, **put our heads** together and figure out the answer.

习语意义：People try to solve something together

1. A dancer must throw herself _____ **soul** into every performance.

 · Meaning: _____.

2. **Keep** _____ **peeled** and if you see anything suspicious, call the police immediately.

 · Meaning: _____.

3. The bank refused to lend her any more money, which was really **a real slap** _____ **for her.**

• Meaning: _____.

4. When I was 18, I **fell** _____ **for** my first "proper" boyfriend, Alex.

• Meaning: _____.

5. Could you just **cast** _____ this report for me?

• Meaning: _____.

6. I heard Mr. Downer speaking on the radio on the previous day. I was not conscious of the **plum** _____ , but I was aware of his clear diction.

• Meaning: _____.

7. People like Timothy and Samantha had **been born with** _____ ; they hadn't a worry in the world, and there was always someone to pay their bills if their own inheritance was not sufficient.

• Meaning: _____.

8. Charles thinks it's time for me to **get** _____ **wet** by helping the department to solve crimes.

• Meaning: _____.

9. Sometimes I talk to myself in the street; people must think I'm **soft** _____.

• Meaning: _____.

10. Why do you always have to open _____? Can't you just keep quiet sometimes?

• Meaning: _____.

11. The police claim they **have** _____ in their fight against the drug dealers.

• Meaning: _____.

12. Don't look down upon her! She can run the restaurant **with** _____ **her back.**

• Meaning: _____.

13. You looked so sad when you walked up the aisle at the funeral. My _____ **bleeding for you** when I watched it.

• Meaning: _____.

14. Staying at home to look after a sick parent often means that a person **is bound** _____.

 · Meaning: _____.

15. Do you know where I can **get** _____ a Russian dictionary? I need to check a translation.

 · Meaning: _____.

16. She works in industry and at a university, so she **has** _____ **both camps**.

 · Meaning: _____.

17. You have to **have** _____ **in the back of** _____ to keep control of six lively children.

 · Meaning: _____.

18. He'd been **shooting** _____ saying he could sing, when of course, he couldn't.

 · Meaning: _____.

19. He came to me with **a long** _____ and admitted there had been an error.
_____.

 · Meaning: _____.

20. She couldn't **take** _____ **off** the beautiful picture.

 · Meaning: _____.

21. She longed to be able to **open** _____ to someone who would understand.

 · Meaning: _____.

22. Don't ask her to give any money to the fund—she **has** _____ **stone**.

 · Meaning: _____.

23. He is always talking about his big plans to be a great actor. You should tell him to **keep** _____ **the ground**.

 · Meaning: _____.

24. He said he had killed a tiger **with** _____.

 · Meaning: _____.

25. There are 30 people coming to dinner tonight, so it's _____ **on deck**.

 · Meaning: _____.

附录四：教学活动材料（控制组）

英语人体部位习语教学活动材料（控制组）

姓名：_____   年级：_____

说明：

1. 下面 24 个习语由一个或一个以上人体部位和其他成分构成。

2. 习语中包含的人体部位有 head，hand/hands，eye/eyes，face，heart，foot/feet 和 mouth。

3. 每个习语的整体比喻意义都已经列出。

4. 学习并记忆：（1）每一个习语。（2）习语的比喻意义。

1. *head*

fall head over heels

If you fall head over heels in love with someone, you fall suddenly and deeply in love with him.

soft in the head

If someone is soft in his head, he act in a way which is not sensible and a little crazy.

have eyes in the back of your head

Someone has eyes in the back of his head if he seems to be able to see everything and know what is going on.

2. *hand/hands*

with one hand tied behind your back

If you say that you can do something with one hand tied behind your back, you are emphasizing that you can do it very easily.

with your bare hands

If someone does something with his bare hands, it means he just has his hands only, without any tools or weapons.

all hands on deck

We need all hands on deck when an emergency happens.

have the upper hand over someone

If someone has the upper hand over someone, he gets power or control over somebody, especially in a fight, competition, etc.

get your hands on something

If you get your hands on something you want or need, you succeed in obtaining it.

3. *eye/eyes*

cast an eye on something

If you cast an eye on something, you examine it carefully and give your opinion about it.

can't take your eyes off someone

If you can't take your eyes off someone or something, you find it hard to look at anything else.

keep your eyes peeled

You have to keep your eyes peeled when you watch carefully for someone or something.

4. *face*

a slap in the face

You can describe someone's behaviour as a slap in the face when hey upsets you by insulting you or appearing to reject you.

a long face

If you say that someone has a long face, you mean that he looks very serious or unhappy.

5. *heart*

have a heart of stone

If someone has a heart of stone, he does not show others sympathy or pity.

heart and soul

If someone throws himself heart and soul into something, he is putting a lot of energy and enthusiasm into it.

your heart bleeds for someone

If you say that your heart bleeds for someone, you mean that you feel a lot of sympathy for him because he is suffering.

open your heart

If you open your heart to someone, you tell him your most private thoughts or feelings.

6. *foot/feet*

feet on the ground

If someone keeps his feet on the ground, he continues to act in a sensible and practical way even when new and exciting things are happening or even when he becomes successful or powerful.

get your feet wet

If you get your feet wet, you get involved in something or experience something for the first time.

bound hand and foot

If you say that someone is bound hand and foot by something, you mean that he cannot act freely or do what he wants because it prevents him.

have a foot in both camps

If someone has a foot in both camps, he is involved with two separate groups that have different ideas.

7. *mouth*

born with a silver spoon in your mouth

If you say that someone was born with a silver spoon in his mouth, you mean that his family was very rich and he had a privileged upbringing.

shoot your mouth off

If you say that someone is shooting his mouth off, you are criticizing him for talking loudly and boastfully about himself or his opinions.

a plum in your mouth

If you say that someone speaks with a plum in his mouth, you are showing your disapproval of him for having an upper class accent or for being upper-class.

open your big mouth 多嘴多舌

If you say that someone always opens his big mouth, you are criticizing him for saying what he should not say.

附录五：教学活动材料（实验组）

英语人体部位习语教学材料

姓名：_____ 年级：_____ 学习英语年限：_____

说明：

1. 下面 25 个习语由一个或一个以上人体部位构成。

2. 习语中包含的人体部位有 head，hand/hands，eye/eyes，face，heart，foot/feet 和 mouth。

3. 每个习语的整体比喻意义都已经列出。

4. 每个习语整体意义的理据为：

（1）人体部位的概念转喻（转喻理据）；

（2）整体习语的概念隐喻（隐喻理据）。

5. 英语习语是根据汉语习语按照类型 1 到类型 5 排列的。汉语习语列在英语习语旁边。

6. 参照英汉语比较模式对英汉语习语比较的总结。

7. 参考转喻、隐喻和汉语习语，认真学习并记忆：（1）每个英语习语。（2）英语习语的比喻义。

类型	语言形式	比喻义	概念转喻	概念隐喻
1	相同	相同	相同	相同

feet on the ground 脚踏实地

If someone keeps his *feet on the ground*, he continues to act in a sensible and practical way even when new and exciting things are happening or even when he becomes successful or powerful.

MY：Feet For Person

MR: Being Practical And Sensible Is Being On The Ground

with your bare **hands** 赤手空拳

If someone does something *with his bare hands*, it means he just has his hands only, without any tools or weapons.

MY: Hand For Tool

MR: Having Nothing Is Being Bare

have a **heart** *of stone* 铁石心肠

If someone has a heart of stone, he does not show others sympathy or pity.

MY: Heart For Ability To Feel

MR: Being Unsympathetic Is Being Stone

heart *and soul* 全心全意

If someone throws himself *heart and soul* into something, he is putting a lot of energy and enthusiasm into it.

MY: Heart For Enthusiasm

MR: Putting Energy And Enthusiasm Into Something Is Putting Heart And Soul Into It

open your **heart** 开心见诚

If you *open your heart* to someone, you tell him your most private thoughts or feelings.

MY: Heart For Ability To Feel

MR: Disclosing Private Thoughts Is Opening A Container

类型	语言形式	比喻义	概念转喻	概念隐喻
2	相似	相同	相同	不同

not take your **eyes** *off someone* 目不转睛

If you *can't take your eyes off* someone or something, you find it hard to look at anything else.

  MY：Eyes For Attention

  MR：To Stop Looking Is Taking Something Off Something

a long face 愁眉苦脸

If you say that someone has a long face, you mean that he looks very serious or unhappy.

  MY：Face For Emotions

  MR：Seeming Sad Is Lengthening Your Face

shoot your mouth off 信口开河

If you say that someone is shooting his mouth off, you are criticizing him for talking loudly and boastfully about himself or his opinions.

  MY：Mouth For Speech Ability

  MR：Speaking Too Much Is Shooting Wildly

soft in the head 晕头转向 昏头昏脑

If someone is soft in his head, he act in a way which is not sensible and a little crazy.

  MY：Head For Sensibility

  MR：Being Silly Is Being Soft

have a foot in both camps 脚踩两只船

If someone has a foot in both camps, he is involved with two separate groups that have different ideas.

  MY：Foot For Standpoint

  MR：Having Two Different Ideas Is In Two Camps

open your big mouth 多嘴多舌

If you say that someone always opens his big mouth, you are criticizing him for saying what he should not say.

 MY: Mouth For Speech Ability

 MR: Saying What You Should Not Say Is Having a Big Mouth

your **heart** *hardens* 铁石心肠

If your heart hardens against someone or something, you start to feel unfriendly or unsympathetic towards them.

 MY: Heart For Ability To Feel

 MR: Being Unsympathetic Is Being Hard

get your **hands** *on something* 手到擒来

If you *get your hands on something* you want or need, you succeed in obtaining it.

 MY: Hands for Control

 MR: Getting Something Is Putting Hands On It

with one hand *tied behind your back* 唾手可得

If you say that you can do something *with one hand tied behind your back*, you are emphasizing that you can do it very easily.

 MY: Hand For Doing Something

 MR: Restricting Somebody's Ability Is Tying Them Up

bound **hand** *and* **foot** 碍手碍脚

If you say that someone is bound hand and foot by something, you mean that he cannot act freely or do what he wants because it prevents him.

 MY: Hand and Foot For Person

 MR: Not Acting Freely Is Being Bound

have eyes in the back of your **head** 眼观六路

Someone has eyes in the back of his head if he seems to be able to see everything and know what is going on.

MY: Eye For Attention

MR: Being Able To Know What Is Going On Is Having Something In The Back Of Head

类型	语言形式	比喻义	概念转喻	概念隐喻
3	相同	不同	相同	不同

*your **heart** bleeds for someone* 心血来潮

If you say that *your heart bleeds for someone*, you mean that you feel a lot of sympathy for him because he is suffering.

MY: Heart For Ability To Feel

MR: Feeling Sympathy Is Bleeding

*with one **hand** tied behind your back* 束手无策

If you say that you can do something *with one hand tied behind your back*, you are emphasizing that you can do it very easily.

MY: Hand For Doing Something

MR: Restricting Somebody's Ability Is Tying Them Up

*have the upper **hand** over somebody* 上下其手

If someone has the upper hand over somebody, he gets power or control over somebody, especially in a fight, competition, etc.

MY: Hands For Control

MR: Getting Control Over Somebody Is Being Above Something

类型	语言形式	比喻义	概念转喻	概念隐喻
4	相似	不同	相同	不同

*your heart **hardens*** 心慈面软

If *your heart hardens* against someone or something, you start to feel unfriendly or unsympathetic towards them.

 MY: Heart For Ability To Feel

 MR: Being Unsympathetic Is Being Hard

*soft in the **head*** 木头木脑

If someone is soft in his head, he acts in a way which is not sensible and a little crazy.

 MY: Head For Sensibility

 MR: Being Silly Is Being Soft

*get your **feet** wet* 足不出户

If you *get your feet wet*, you get involved in something or experience something for the first time.

 MY: Feet For Person

 MR: Starting On Something New Is Entering The Water

*born with a silver spoon in your **mouth*** 养家糊口

If you say that someone was *born with a silver spoon in his mouth*, you mean that his family was very rich and he had a privileged upbringing.

 MY: Mouth For Person

 MR: Being Rich Is Being Born With A Silver Spoon

*a plum in your **mouth*** 油嘴滑舌

If you say that someone speaks with *a plum in his mouth*, you are showing your disapproval of him for having an upper class accent or for being upper-class.

 MY: Mouth For Speech Ability

 MR: Speaking With An Upper-Class Accent Is Having A Plum In The Mouth

*cast an **eye** on something* 眼观六路

If you *cast an eye on something*, you examine it carefully and give your opinion about it.

MY：Eye For Attention

MR：Examining Something Is Throwing Something Else On Something

类型	语言形式	比喻义	概念转喻	概念隐喻
5	不同	相同	相同	不同

*Fall **head** over **heels*** 神魂颠倒

If you *fall head over heels* in love with someone, you fall suddenly and deeply in love with him.

MY：Head for Sensibility

MR：Falling In Love Is Falling Over On Your Head

*A slap in the **face*** 狗血喷头

You can describe someone's behaviour as *a slap in the face* when he upsets you by insulting you or appearing to reject you.

MY：Face for Reputation

MR：Losing Your Dignity Is Having Your Face Slapped

*keep your **eyes** peeled* 小心谨慎

You have to *keep your eyes peeled* when you watch carefully for someone or something.

MY：Eye For Attention

MR：Watching Carefully Is Keeping Eyes Peeled.

*all **hands** on deck* 齐心协力

We need *all hands on deck* when an emergency happens.

MY：Hand For Person

MR：Helping In An Emergency Is Being On Deck

附录六：英汉语人体部位习语跨语言比较分析

英汉语人体部位习语跨语言比较分析

类型	语言形式	比喻义	概念转喻	概念隐喻
1	相同	相同	相同	相同
2	相似	相同	相同	不同
3	相同	不同	相同	不同
4	相似	不同	相同	不同
5	不同	相同	不同	不同

类型	语言形式	比喻义	概念转喻	概念隐喻
	相同	相同	相同	相同
1	feet on the ground			脚踏实地
	know something like the **back** of one's **hand**			了如指掌
	have a **heart** of stone			铁石心肠
	heart and **soul**			全心全意
	skin and **bones**			瘦骨伶仃
	an **eye** for eye			以眼还眼
	with your bare **hands**			赤手空拳
	open your **heart**			开心见诚
	what the **eye** doesn't see			眼不见，心不烦
	your **heart** is not in it			心不在焉
	your **heart**'s desire			心向往之
	keep your **mouth** shut			缄口如瓶
	show your **face**			出头露面
	all **eyes** are on someone			众目睽睽
	相似（仅人体部位相同）	相同	相同	不同
2	have a **foot** in both camps			脚踩两只船
	a bag of **bones**			骨瘦如柴
	have **eyes** in the back of your head			眼观六路
	open your big **mouth**			多嘴多舌
	have two left **feet**			笨手笨脚
	your **heart** leaps			心花怒放
	with one **hand** tied behind your **back**			手到擒来
	a long **face**			愁眉苦脸
	shoot your **mouth** off			信口开河
	soft in the **head**			昏头昏脑
	be bound **hand** and **foot**			碍手碍脚

续表

类型	语言形式	比喻义	概念转喻	概念隐喻
2	相似（仅人体部位相同）	相同	相同	不同
	have one's **back** to the wall			背水一战
	make your **mouth** water			垂涎欲滴
	count something on the **fingers** of one **hand**			屈指可数
3	相同	不同	相同	不同
	your **heart** bleeds for someone			心血来潮
	have the upper **hand** over somebody（占上风）			上下其手
	wash your **hands** of something（洗手不干）			洗手奉职
	get your **hands** on something			手到擒来
	have a **bone** in one's throat			骨鲠在喉
	with one **hand** tied behind your **back**			束手无策
	see the **back** of somebody.			望其项背
	open your **eyes** to something.			见钱眼开
	have clean **hands**			白手起家
4	相似（仅人体部位相同）	不同	相同	不同
	harden your **heart** against somebody（冷酷无情）			心慈面软
	soft in the **head**（昏头昏脑）			木头木脑
	the apple in your **eye**（掌上明珠）			眼中刺
	a change of **heart**			口是心非
	wear your **heart** on your sleeve			心心相印
	off your **hands**			人多手杂
5	不同	相同	不同	不同
	foam at the **mouth**	目眦欲裂		怒发冲冠
	all **hands** on deck			同心协力
	get cold **feet**			胆战心惊
	keep your **eyes** peeled			小心谨慎
	a slap in the **face**			狗血喷头
	on every **hand**			四面八方
	talk **through** the back of one's **head**			信口开河
	lose your **head**			心烦意乱
	with a iron hand in a velvet glove			口蜜腹剑

附录七： 后测试卷

英语习语测试（后测）

姓名：_____ 年级：_____ 成绩：_____

说明：

1. 下面共 35 个英语句子。每个句子包含一个英语习语，习语部分用加粗字体表示。
2. 每个句子中的习语都需要填空来补充完整。
3. 用人体部位词和必要的冠词、代词填空。
4. 填入的词语应该既能完善习语的意义，又符合句子的语法和语义要求。
5. 填空完成后，在横线上写下习语的意义。

例 1：

We have been beaten in some games which we should have **won** hands down.

习语语义：somebody wins a game easily

例 2：

We all just sit down, **put** our heads together and figure out the answer.

Meaning：People try to solve something together

1. A dancer must throw herself _____ **soul** into every performance.

 · Meaning：_____

2. **Keep** _____ **peeled** and if you see anything suspicious, call the police immediately.

 · Meaning：_____

3. The bank refused to lend her any more money, which was really **a real slap** _____ for her.

· Meaning: _____

4. When I was 18, I **fell** _____ **for** my first "proper" boyfriend, Alex.

· Meaning: _____

5. Could you just **cast** _____ this report for me?

· Meaning: _____

6. I heard Mr. Downer speaking on the radio on the previous day. I was not conscious of the **plum** _____, but I was aware of his clear diction.

· Meaning: _____

7. People like Timothy and Samantha had **been born with** _____; they hadn't a worry in the world, and there was always someone to pay their bills if their own inheritance was not sufficient.

· Meaning: _____

8. Charles thinks it's time for me to **get** _____ **wet** by helping the department to solve crimes.

· Meaning: _____

9. Sometimes I talk to myself in the street; people must think I'm **soft** _____.

· Meaning: _____

10. Why do you always have to open _____? Can't you just keep quiet sometimes?

· Meaning: _____

11. The police claim they **have** _____ in their fight against the drug dealers.

· Meaning: _____

12. Don't look down upon her! She can run the restaurant **with** _____ **her back**.

· Meaning: _____

13. You looked so sad when you walked up the aisle at the funeral. My _____ **bleeding for you** when I watched it.

· Meaning: _____

14. Staying at home to look after a sick parent often means that a person **is bound** _____.

· Meaning: _____

15. Do you know where I can **get** _____ **on** a Russian dictionary? I need to check a translation.

· Meaning: _____

16. She works in industry and at a university, so she **has** _____ **both camps**.

· Meaning: _____

17. You have to **have** _____ **in the back of** _____ to keep control of six lively children.

· Meaning: _____

18. He'd been **shooting** _____ saying he could sing, when of course, he couldn't.

· Meaning: _____

19. He came to me with **a long** _____ and admitted there had been an error.

· Meaning: _____

20. She couldn't **take** _____ **off** the beautiful picture.

· Meaning: _____

21. She longed to be able to **open** _____ to someone who would understand.

· Meaning: _____

22. Don't ask her to give any money to the fund—she **has** _____ **stone**.

· Meaning: _____

23. He is always talking about his big plans to be a great actor. You should tell him to **keep** _____ **the ground**.

· Meaning: _____

24. He said he had killed a tiger **with** _____.

· Meaning: _____

25. There are 30 people coming to dinner tonight, so it's _____ **on deck**.

· Meaning: _____

26. The problem is that we can't say anything to the management without **showing** _____ and we wanted to be able to take them by surprise.

Meaning: _____

27. She won widespread praise for her innovation, her tough negotiation skills and her ability to keep things moving, she **kept** _____.

Meaning: _____

28. Most children have an almost obsessive need to **save** _____.

Meaning: _____

29. You feel a responsibility to people because sometimes you're **putting** _____.

Meaning: _____

30. I threw myself on to the bed and **cried** _____. It took me a good while to get over the emotional damage of that encounter.

Meaning: _____

31. There are quite a number of cookbooks nowadays. They give numerous recipes for meals which _____ **water**.

Meaning: _____

32. She **made** _____ at the awful smell, and hurried to open the windows.

Meaning: _____

33. How amazing it is we said the same thing. It's like you **took** _____.

Meaning: _____

34. The company said it issued a low bid because it wanted to **get** _____ **in the door** of a potentially lucrative market.

Meaning: _____

35. Rosemary seems to be living **with** _____ **in the clouds** as she always says that she is going to be a rich lady after leaving school.

Meaning: _____

附录八： 再测试卷 （一周后）

英语习语学后测试（一周后）

姓名：_____ 年级：_____ 成绩：_____

说明：

1. 下面 35 个句子各包含一个英语习语，习语部分用加粗字体表示。
2. 每个句子中的习语都需要填空来补充完整。
3. 用人体部位词和必要的冠词、代词填空。
4. 填入的词语应该既能完善习语的意义，又符合句子的语法和语义要求。
5. 填空完成后，在横线上写下习语的意义。

例1：

We have been beaten in some games which we should have **won** hands down.

Meaning: somebody wins a game easily

例2：

We all just sit down, **put** our heads **together** and figure out the answer.

Meaning: People try to solve something together.

1. A dancer must throw herself _____ **soul** into every performance.

　　· Meaning: _____

2. **Keep** _____ **peeled** and if you see anything suspicious, call the police immediately.

　　· Meaning: _____

3. The bank refused to lend her any more money, which was really **a real slap** _____ for her.

　　· Meaning: _____

4. When I was 18, I **fell** _____ **for** my first "proper" boyfriend, Alex.

· Meaning: _____

5. Could you just **cast** _____ this report for me?

· Meaning: _____

6. I heard Mr. Downer speaking on the radio on the previous day. I was not conscious of the **plum** _____, but I was aware of his clear diction.

· Meaning: _____

7. People like Timothy and Samantha had **been born with** _____; they hadn't a worry in the world, and there was always someone to pay their bills if their own inheritance was not sufficient.

· Meaning: _____

8. Charles thinks it's time for me to **get** _____ **wet** by helping the department to solve crimes.

· Meaning: _____

9. Sometimes I talk to myself in the street; people must think I'm **soft** _____ ____.

· Meaning: _____

10. Why do you always have to open _____? Can't you just keep quiet sometimes?

· Meaning: _____

11. The police claim they **have** _____ in their fight against the drug dealers.

· Meaning: _____

12. Don't look down upon her! She can run the restaurant **with** _____ her **back**.

· Meaning: _____

13. You looked so sad when you walked up the aisle at the funeral. My _____ **bleeding for you** when I watched it.

· Meaning: _____

14. Staying at home to look after a sick parent often means that a person **is bound** _____.

· Meaning: _____

15. Do you know where I can **get** _____ a Russian dictionary? I need to check a translation.

· Meaning: _____

16. She works in industry and at a university, so she **has** _____ **both camps**.

· Meaning: _____

17. You have to **have** _____ **in the back of** _____ to keep control of six lively children.

· Meaning: _____

18. He'd been **shooting** _____ saying he could sing, when of course, he couldn't.

· Meaning: _____

19. He came to me with **a long** _____ and admitted there had been an error.

· Meaning: _____

20. She couldn't **take** _____ **off** the beautiful picture.

· Meaning: _____

21. She longed to be able to **open** _____ to someone who would understand.

· Meaning: _____

22. Don't ask her to give any money to the fund—she **has** _____ **stone**.

· Meaning: _____

23. He is always talking about his big plans to be a great actor. You should tell him to **keep** _____ **the ground**.

· Meaning: _____

24. He said he had killed a tiger **with** _____ .

· Meaning: _____

25. There are 30 people coming to dinner tonight, so it's _____ **on deck**.

· Meaning: _____

26. The problem is that we can't say anything to the management without **showing** _____ and we wanted to be able to take them by surprise.

Meaning: _____

27. She won widespread praise for her innovation, her tough negotiation skills and her ability to keep things moving, she **kept** _____.

Meaning: _____

28. Most children have an almost obsessive need to **save** _____.

Meaning: _____

29. You feel a responsibility to people because sometimes you're **putting** _____.

Meaning: _____

30. I threw myself on to the bed and **cried** _____. It took me a good while to get over the emotional damage of that encounter.

Meaning: _____

31. There are quite a number of cookbooks nowadays. They give numerous recipes for meals which _____ **water**.

Meaning: _____

32. She **made** _____ at the awful smell, and hurried to open the windows.

Meaning: _____

33. How amazing it is we said the same thing. It's like you **took** _____.

Meaning: _____

34. The company said it issued a low bid because it wanted to **get** _____ **in the door** of a potentially lucrative market.

Meaning: _____

35. Rosemary seems to be living **with** _____ **in the clouds** as she always says that she is going to be a rich lady after leaving school.

Meaning: _____

附录九： 调查问卷

英语习语教学方法（调查问卷）

姓名：_____ 年级：_____ 学习英语年限：_____ 联系方式：_____

说明：

1. 调查问卷了解学生对英语习语教学模式的意见和反馈。
2. 请从1~6个阿拉伯数字中选择最能准确表达看法的分值等级。

项目	极为同意	同意	比较同意	比较反对	反对	极为反对
1. 学习材料信息量大	6	5	4	3	2	1
2. 学习材料新颖	6	5	4	3	2	1
3. 学习材料有趣	6	5	4	3	2	1
4. 教学方法新颖	6	5	4	3	2	1
5. 教学方法有助于记忆	6	5	4	3	2	1
6. 教学方法促进英语习语学习	6	5	4	3	2	1

附录十: 5种对应类型的英语人体部位习语测试

英语人体部位习语测试(实验组)

姓名:_____   年级:_____   成绩:_____

说明:

1. 下面20个英语句子分别包含一个英语人体部位习语,习语部分用黑体表示。
2. 每个句子中的习语都需要填空来补充完整。
3. 用人体部位词和必要的冠词、代词填空。
4. 填入的词语应该既能完善成语的意义,又符合句子的语法和语义要求。
5. 填空完成后,在横线上写下习语的意义。

例1:
We have been beaten in some games which we should have **won** hands down.
Meaning: somebody wins a game easily

例2:
We all just sit down, **put** our heads together and figure out the answer.
Meaning: People try to solve something together

1. As a taxi-driver, you have to **know** the city **like the back** _____.
   Meaning: _____

2. After two years in prison, he **was nothing but skin** _____.
   Meaning: _____

3. He agreed to write the book for a large sum of money, but **his** _____ **was not in it**, and it was never finished.
   Meaning: _____

/附 录/

4. The smell of your cooking is **making his** _____ **water**.

Meaning: _____

5. She refused to eat until eventually she was **a bag** _____.

Meaning: _____

6. All of a sudden, _____ **hardens** against all the unfortunate people such as beggars, orphans and the disabled.

Meaning: _____

7. I'm a hopeless dancer. **I've got two** _____.

Meaning: _____

8. Her _____ **leapt** when she heard a knock on the door, thinking it might be him.

Meaning: _____

9. She is so mean, was I pleased to **see** _____ **of her**!

Meaning: _____

10. I can't just **wash** _____ the whole business. I've got responsibilities.

Meaning: _____

11. He **opened** _____ **to** the beauty of poetry.

Meaning: _____

12. After years of corrupt government, we want politicians **with clean** _____.

Meaning: _____

13. My son is **the apple of my** _____.

Meaning: _____

14. The government has had **a change** _____ over the proposed tax reforms and is now prepared to listen to the public.

Meaning: _____

15. He **wears** _____ **his sleeves** and often gets hurt.

Meaning: _____

16. Now that the children are **off** _____, I've got more time for other things.

Meaning: _____

17. He stood there **foaming at** _____. I've never seen anybody so angry.

203

Meaning: _____

18. Do you still want to do this parachute jump or are you **getting cold** _____?

Meaning: _____

19. If he says that he's going to win the prize, he's **talking through the back** _____.

Meaning: _____

20. It's a very frightening situation, but we mustn't **lose** _____.

Meaning: _____

参考文献

[1] Abel, B. English idioms in the first language and second language lexicon: A dual representation approach [J]. Second Language Research, 2003 (19): 329 – 358.

[2] Altenberg, B. On the phraseology of spoken English: The evidence of recurrent word-combinations [M]. Oxford: OUP, 1998: 101 – 122.

[3] Bauer, L. English word-formation [M]. Cambridge: CUP, 1983: 48.

[4] Barkema, H. Idiomaticity and terminology: A multi-dimensional descriptive model [J]. Studia Linguistica, 1996 (50): 125 – 160.

[5] Barcelona, A. On the systematic contrastive analysis of conceptual metaphors: case studies and proposed methodology [M]. Berlin/New York: Mouton de Gruyter, 2001: 117 – 146.

[6] Boers, E., Demecheleer, M. & Eyckmans, J. Cultural variation as a variable in comprehending and remembering figurative idioms [J]. European Journal of English Studies, 2004 (8): 375 – 388.

[7] Boers, F. Enhancing metaphorical awareness in specialized reading [J]. English for Specific Purposes, 2000 (19): 137 – 147.

[8] Boers, F. Remembering figurative idioms by hypothesizing about their origin [J]. Prospect, 2001 (16): 35 – 43.

[9] Boers, F. Applied linguistics perspectives on cross-cultural variation in conceptual metaphor [J]. Metaphor and Symbol, 2003 (18): 31 – 238.

[10] Boers, F. & Lindstromberg, S. Funding ways to make phrase-learning feasible: the mnemonic effect of alliteration [J]. System, 2005 (33): 225 – 238.

[11] Boers, F. & Lindstromberg, S. Cognitive linguistic applications in second and foreign language instruction: rationale, proposals, and evaluation [M]. Berlin/New York: Mouton de Gruyter, 2006.

[12] Boers, E., Demecheleer, M. & Eyckmans, J. Etymological elaboration as a strategy for learning figurative idioms [M]. Amsterdam: John Benjamins, 2004: 53-78.

[13] Charteris-Black, J. Second language figurative proficiency: a comparative study of Malay and English [J]. Applied Linguistics, 2002 (23): 104-133.

[14] Charteris-Black, J. Speaking with forked tongue: a comparative study of metaphor and metonymy in English and Malay phraseology [M]. Metaphor and Symbol, 2003, 75 (4): 296.

[15] Cooper, T. C. Teaching idioms [J]. Foreign Language Annuals, 1998 (31): 255-266.

[16] Cooper, T. C. Process if idioms by L2 learners of English [J]. TESOL Quarterly, 1999 (33): 2, 246.

[17] Cornell, A. Idioms: an approach to identify major pitfalls for learners [J]. IRAL, 1999 (37): 6.

[18] Deignan, A. Metaphor and corpus linguistics [M]. Amsterdam: John Benjamins, 2005: 70.

[19] Fernando, C. Idioms and idiomaticity [M]. Oxford: OUP, 1996: 30.

[20] Fernando, C. & Flavell, R. On idiom: critical views and perspectives [M]. Exeter: University of Exeter Press, 1981: 38.

[21] Fraser, B. Idioms within a transformational grammar [J]. Foundation of Language, 1970 (6): 32.

[22] Gibbs, R. W. The poetics of mind: figurative thought, language, and understanding [M]. Cambridge: CUP, 1994: 320.

[23] Grant, L. E., Nation, I. S. P. How many idioms are there in English? [J]. International Journal of Applied Linguistics, 2006 (151): 1-14.

[24] Howarth, P. Phraseology and second language proficiency [J]. Applied Linguistics, 1998 (19): 24-44.

[25] Irujo, S. A piece of cake: learning and teaching idioms [J]. English Language Teaching Journal, 1986 (40): 236 – 242.

[26] Jakobson, R. Closing statements: linguistics and poetics [M]. In Innis, R. E. (ed.), 1985.

[27] Katz, J. J. & Postal, P. The semantic interpretation of idioms and sentences containing them [J]. MIT Research Laboratory of Electronic Quarterly Progress Report, 1963 (70): 275.

[28] Kövecses, Z. A cognitive linguistic view of learning idioms in an FLT context [M]. Berlin/New York: Mouton de Gruyter, 2001: 87 – 115.

[29] Kövecses, Z. Metaphor: a practical introduction [M]. Oxford: OUP, 2002: 99 – 208.

[30] Kövecses, Z. & Szabo, P. Idioms: a view from cognitive linguistics [J]. Applied Linguistics, 1996 (17): 330.

[31] Langlotz, A. Idiomatic creativity: a cognitive linguistic model of idiom-representations and idiom-variation in English [M]. Amsterdam/Phildelphia: John Benjamins, 2006: 45.

[32] Langlotz, A. Idiomatic creativity: a cognitive linguistic model of idiom-representations and idiom-variation in English [M]. Amsterdam/Phildelphia: John Benjamins, 2006: 45.

[33] Lennon, P. Approaches to the teaching of idiomatic language [J]. IRAL, 1998 (36): 22 – 23.

[34] Littlemore, J. The use of metaphor in university lectures and the problems that it causes for overseas students [J]. Teaching in Higher Education, 2001 (6): 345.

[35] Liu, D. Idioms, descriptions, comprehension, acquisition, and pedagogy [M]. New York: Routledge, 2008.

[36] Melcuk, I. A. Phrasemes in language and phraseology in linguistics [M]. Hillsdale: Lawrence Erlbaum Associates, 1995: 167 – 232.

[37] Moon, R. Fixed expressions and idioms in English: a corpus-based approach [M]. Oxford: Clarendon Press, 1998: 2.

[38] Nayak, N. & Gibbs, R. W. Conceptual knowledge in the interpretation of idioms [J]. Journal of Experimental Psychology, 1990 (119): 328.

[39] Pawley, A. A language which defies description by ordinary means [M]. Berlin/New York: Mouton de Gruyter, 1993: 87 – 129.

[40] Pollio, H. R. et al. Psychology and the poetics of growth [M]. Hillsdale: Erlbaum, 1977.

[41] Radden, G. How metonymic are metaphors? Metaphor and Metonymy at the Crossroads [M]. Berlin/New York: Mouto de Gruyter, 2000.

[42] Skandera, P. What are idioms [M]. Basel: Schwabe, 2004: 22 – 36.

[43] 白解红. 多义聚合现象的认知研究 [J]. 外语与外语教学, 2001 (12).

[44] 曹炜. 现代汉语词汇研究 [M]. 北京: 北京大学出版社, 2004.

[45] 蔡基刚. 英汉词汇对比研究 [M]. 上海: 复旦大学出版社, 2008.

[46] 陈文伯. 英语成语与汉语成语 [M]. 北京: 外语教学与研究出版社, 1982.

[47] 陈坚林. 现代外语教学研究 [M]. 上海: 上海外语教育出版社, 2005.

[48] 陈望道. 修辞学发凡 [M]. 上海: 上海教育出版社, 1978.

[49] 程工. 语言共性论 [M]. 上海: 上海外语教育出版社, 2002.

[50] 常晨光. 语篇中的英语习语 [J]. 外语教学, 2003 (5).

[51] 陈士法. 英语习语记忆模式初探 [J]. 外语教学, 2001 (1).

[52] 陈道明. 从习语的可分析性看认知语言学的隐喻能力观 [J]. 外国语, 1998 (6).

[53] 陈洁. 英汉口腔词成语的认知对比研究 [J]. 长春师范学院学报, 2010 (6).

[54] 陈洁. 英汉明喻习语的认知对比研究 [J]. 西南科技大学学报, 2011 (6).

[55] 戴卫平, 高艳红. 英汉语言中"头"隐喻研究 [J]. 广西社会科学, 2007 (3).

[56] 戴卫平. 英汉动物喻体、喻义之比较 [J]. 长沙大学学报, 1999 (3).

[57] 董成茹. 转喻的认知解释 [J]. 解放军外国语学院学报, 2004 (3).

[58] 董为光. 汉语词义发展基本类型 [M]. 武汉: 华中科技大学出版社, 2008.

[59] 弗雷德里克·T. 伍德. 英语通俗成语词典 [M]. 鲍志一, 杨志达, 译. 昆明: 云南人民出版社, 1980.

[60] 冯凌宇. 汉语人体词汇研究 [M]. 北京: 中国广播电视出版社, 2008.

[61] 冯凌宇. 汉语人体词语的演变特点 [J]. 武汉大学学报, 2006 (5).

[62] 葛本仪. 汉语词汇研究 [M]. 济南: 山东教育出版社, 1985.

[63] 龚群虎. 人体器官名词普遍性的意义变化及相关问题 [J]. 语文研究, 1994 (4).

[64] 高航, 严辰松. "头"的语法化考察 [J]. 外语研究, 2007 (2).

[65] 胡壮麟. 认知隐喻学 [M]. 北京: 北京大学出版社, 2004.

[66] 衡孝军. 英语成语研究述略 [J]. 外语教学与研究, 1990 (2).

[67] 华先发. 英语习语的临时变体 [J]. 外语教学与研究, 1998 (3).

[68] 贺阿丽. 英语"动词 + 定冠词 + 名词"习语的变体研究 [J]. 重庆交通大学学报, 2014 (4): 136.

[69] 黄碧蓉. 人体词语词义转喻性研究 [J]. 外语学刊, 2011 (4).

[70] 黄碧蓉. 从人体词语的意义分布看语义的认知性 [J]. 上海大学学报, 2010 (6).

[71] 黄树先. 比较词义探索十例 [J]. 语言研究, 2011 (2).

[72] 黄树先. 汉语核心词"足"研究 [J]. 语言科学, 2007 (2).

[73] 胡纯. 英汉人体名词的共同特征 [J]. 江南大学学报, 2006 (2).

[74] 晋小涵, 齐振海. 论汉语"面"的空间隐喻 [J]. 外语研究, 2007 (4).

[75] 鞠玉梅. 英语习语的临时变体及其修辞意义 [J]. 外国语言文学, 2004 (3).

[76] 孔光. 从空间合成理论看身体名词的隐喻认知 [J]. 外语教学, 2004 (1).

[77] 吕艳辉. 基于语料库的现代汉语手部动词研究 [D]. 济南: 山东大学, 2008.

[78] 李金兰. 现代汉语身体动词的认知研究 [D]. 上海: 华东师范大学, 2006.

[79] 李瑛, 文旭. 从"头"认知——转喻、隐喻与一词多义现象研究 [J]. 外语教学, 2006 (3).

[80] 李四清. 英汉成语中的隐喻模式及其隐喻机制的研究 [J]. 上海师范大学学报, 2005 (4).

[81] 廖光蓉. 多义词意义关系模式研究 [J]. 外语教学, 2005 (3).

[82] 林维燕. 中国学生英语短语成语在线理解过程研究 [J]. 国外外语教学, 2006 (2).

[83] 刘再雄. 英语习语意义的理据性 [J]. 南华大学学报, 2002 (4).

[84] 刘桂玲, 林正军. 英语习语隐喻意义构建的概念整合机制 [J]. 福建师范大学学报, 2012 (6).

[85] 刘明阁. 英语习语与汉语成语差异的跨文化透视 [J]. 河南师范大学学报, 2012 (6).

[86] 刘红艳, 李悦娥. 联想关系和英语习语的有效认知 [J]. 山西师范大学学报, 2005 (5).

[87] 陆俭明. 隐喻、转喻散议 [J]. 外国语, 2009 (1).

[88] 卢卫中. 人体隐喻化的认知特点 [J]. 外语教学, 2003 (6).

[89] 吕传峰. "嘴"的词义演变及其与"口"的历时更替 [J]. 语言研究, 2006 (1).

[90] 李福印. 语义学概论 [M]. 北京: 北京大学出版社, 2006.

[91] 连淑能. 英汉对比研究 [M]. 北京: 高等教育出版社, 2010.

[92] 刘元福. 成语典故故事选 [M]. 哈尔滨: 黑龙江人民出版社, 1980.

[93] 刘洁修. 成语 [M]. 北京: 商务印书馆, 2000.

[94] 骆世平. 英语习语研究 [M]. 上海: 上海外语教育出版社, 2006.

[95] 陆国强. 现代英语词汇学 [M]. 上海: 上海外语教育出版社, 2011.

[96] 孟素. 汉英成语对比及其跨文化对话之探讨 [D]. 武汉: 华中师范大学, 2008.

[97] 潘明霞. 汉英"身物互喻"词汇对比研究 [D]. 芜湖: 安徽师范大学, 2012.

[98] 覃修桂. "眼"的概念隐喻——基于语料的对比研究 [J]. 外国语, 2008 (5).

[99] 曲占祥. 隐喻和转喻在词义延伸中的作用 [J]. 广东外语外贸大学学报, 2007 (6).

［100］尚新．语法体的内部对立与中立化——英汉语对比研究［D］．上海：华东师范大学，2004．

［101］石洛祥．中国英语学习者惯用语块习得研究［D］．重庆：西南大学，2009．

［102］史式．汉语成语研究［M］．成都：四川人民出版社，1979．

［103］束定芳．论隐喻与明喻的结构及认知特点［J］．外语教学与研究，2003（2）．

［104］束定芳．隐喻与换喻的差别与联系［J］．外国语，2004（3）．

［105］束定芳．认知语义学［M］．上海：上海外语教育出版社，2009．

［106］束定芳．隐喻学研究［M］．上海：上海外语教育出版社，2000．

［107］束定芳．隐喻与转喻研究［M］．上海：上海外语教育出版社，2012．

［108］唐玲．语言水平与习语类型对中国EFL学生理解英语习语的影响［J］．广东外语外贸大学，2009（2）．

［109］唐玉玲．从错误分析看英语习语的习得——一项横向研究［J］．湘潭师范学院报，2007（4）．

［110］谭利思．英语习语的理解策略［J］．南京理工大学学报，2004（2）．

［111］陶岳炼．英语习语的连接功能［J］．西安外国语学院学报，2002（2）．

［112］王寅．认知语言学［M］．上海：上海外语教育出版社，2002．

［113］王颖．适用于非母语者的英语习语整合处理法［D］．上海：复旦大学，2005．

［114］汪榕培．英语成语新探［J］．外语与外语教学，2000（11）．

［115］王寅．学位论文撰写纲要——兼谈认知对比语言学［J］．语言教育，2014（1）．

［116］王文斌．论汉语"心"的空间隐喻的结构化［J］．解放军外国语学院学报，2001（1）．

［117］王文斌．隐喻性词义的生成和演变［J］．外语与外语教学，2007（4）．

［118］王茂，项成东．汉语"眼、目"的转喻与隐喻［J］．外国语言文学，2010（3）．

［119］王文斌，姚俊．汉英隐喻习语ICM和CB的认知对比考察——以汉语的四字格隐喻习语为基点［J］．外语与外语教学，2004（5）．

[120] 文秋芳.评析"概念型教学法"的理论与实践 [J]. 外语教学理论与实践, 2013 (2).

[121] 吴淑琼.英汉"脸、面"的多义网络对比研究及认知理据 [J]. 西华师范大学学报, 2009 (3).

[122] 吴宝安.小议"头"与"首"的词义演变 [J]. 语言研究, 2011 (2).

[123] 吴旭东, 陈斌.中国学生对英语习语的理解：习语类型与二语水平的作用 [J]. 外语教学与研究, 2006 (3).

[124] 吴莉, 崔洪第.概念隐喻理论与英语习语教学的实证研究 [J]. 黑龙江高教研究, 2008 (7).

[125] 谢华.熟悉度、透明度和语境对英语学习者理解习语的影响 [J]. 解放军外国语学院学报, 2007 (5).

[126] 谢应光.认知语义学与英语成语的意义研究 [J]. 四川外语学院学报, 2002 (2).

[127] 徐知媛, 王小潞.中国英语学习者的隐喻理解策略及理解模型建构 [J]. 外语教学与研究, 2014 (1).

[128] 徐景亮.转喻推理与转喻性习语加工模式的构建 [J]. 外语研究, 2007 (1).

[129] 徐景亮.习语图式的理解机制及模式建构 [J]. 苏州大学学报, 2010 (2).

[130] 叶琳.英汉习语理解模式及使用策略研究 [D]. 武汉：华中科技大学, 2012.

[131] 于翠红, 张拥政.关联语境视角下的二语词汇习得———一项基于词汇语义认知的实证研究 [J]. 现代外语, 2012 (3).

[132] 殷莉.英汉习语中的喻体比较及翻译 [J]. 天津外国语学院学报, 2001 (2).

[133] 张辉.认知语义学研究 [M]. 上海：上海外语教育出版社, 2012.

[134] 张辉.熟语及其理解的认知语义研究 [M]. 北京：军事译文出版社, 2003.

[135] 赵学德.人体词语语义转移的认知研究 [D]. 上海：复旦大学, 2010.

[136] 章黎平.汉语方言人体词语比较研究 [D]. 济南：山东大学, 2011.

［137］赵倩．汉语人体名词词义演变规律及认知动因［D］．北京：北京语言大学，2007．

［138］朱元．汉英视觉词汇语义对比研究［D］．上海：上海外国语大学，2011．

［139］朱凤云，张辉．熟语语义的加工模式与其影响因素［J］．外语研究，2007（4）．

［140］张凤．"头"的文化语义分析：俄汉对比研究［J］．解放军外国语学院学报，2004（3）．

［141］赵学德，王晴．人体词"舌"和"tongue"语义转移的认知构架［J］．长沙大学学报，2011（6）．

［142］赵学德，孟萍．认知视角下"足/脚"和"foot"的语义转移构架［J］．外国语言文学，2011（3）．

［143］张建理．英汉"心"的多义网络对比［J］．浙江大学学报，2006（3）．

［144］张建理．英汉多义词异同探讨：以"脸、面"为例［J］．外国语，2003（4）．

［145］张绍全．英语专业学生多义词习得的认知语言学研究［J］．外国语文，2010（4）．

［146］张志宏，董粤章．习语演进的认知诠释［J］．安徽大学学报，2006（2）．

［147］周启强．当代英汉构词手段的共性特征［J］．外语与外语教学，2001（5）．

［148］赵艳芳．认知语言学概论［M］．上海：上海外语教育出版社，2011．

［149］周祖谟．汉语词义讲话［M］．北京：外语教学与研究出版社，2007．

［150］朱瑞玟．成语与佛教［M］．北京：北京经济学院出版社，1989．